8つの視点でうまくいく!

発達障害のある子の
ABAケーススタディ

アセスメントから
アプローチへつなぐコツ

井上 雅彦
平澤 紀子 編著
小笠原 恵

中央法規

はじめに

　あるとき、定期的にケース会に参加させてもらっているデイケアを中心とした支援を行っている法人の代表者の方から、「アセスメントの方法も行動のとらえ方もわかりました。でも、実際に職員が行動支援計画をたてられません」と言われました。話を聞くと、集めた情報を具体的な支援につなぐことができないということです。それは、ただ単に職員さんたちの知識や経験の不足から、行うことができる支援手続きのバリーエションの数が少ない、ということが理由ではありません。そうなると、いくら理論や効果的な技法や、実際に効果のあったケースの話をしても、職員さんたちは行動問題を示す新しいケースに出会ったときに、どうしていいのかわからないままになってしまいます。日々、行動問題を示す人たちにかかわっている人たちに何をどう伝えたら、実際に効果的な支援計画をたてることができるようになるのだろう、と思っているところに、本書を出版するお話をいただきました。そこで、普段から「行動問題」への対応等について共通の思いを抱いている井上雅彦先生と平澤紀子先生という日本を代表する行動分析家の両先生にお声がけをしたところ、ご快諾いただき、3人で編集を行うこととなりました。

　応用行動分析学は、人間（あるいは動物）の行動の理由を明らかにすることを目的とした学問であり、その基礎理論からさまざまな技法が生み出されていますが、この場合にはこの技法を使うべきであるといったようなマニュアルはありません。それは、行動問題に関しても同様です。行動問題の場合、何とかしたい行動とその起こってくる環境についてはアセスメントによって推測することができますが、そのあと、どんな支援を行うのか、といったことには、当然マニュアルはありません。それでも、支援計画をどう立てるのか、といった方法論だけではない、コツみたいなものを語ることはできるのではないだろうか、と思いました。コツ、というよりは、私たち編者3人が、行動問題に対処するときに大切にしていること、これを本書では8つあげました。

　「好みを利用する」「行動問題の生じていない状況を利用する」「選択機会を入れる」「上手に褒める」「先手を打つ」「物理的な環境を変える」「高頻度で行われる行動レパートリーを利用する」「スモールステップ」の8つの視点です。

　また本書では、各ケースにおいて、アセスメント結果の何を受けて、どの視点を用いた支援計画をどうたてたのか、丁寧に書くことを大切にしました。

　23というさまざまなケースをとりあげていますが、いずれも、現実に執筆者がかかわったケースを脚色したものです。

　行動問題の起きている環境は、ときにまだまだ、目を覆いたくなるような現状があります。そうした現状に対して、アセスメントと支援をつなぐことに、そしてそうした環境が少しでも豊かなものと変化することに、本書が少しでも役に立てれば幸いです。

　本書を出版するにあたり、中央法規出版の渡邉賢治氏には、大変お世話になりました。また、マスリラさんには、味わい深いイラストを描いていただきました。ここにお礼を申し上げます。

2013年7月
編者を代表して
小笠原 恵

Contents

はじめに

Case の一覧表

❶ 行動随伴性とは ……………………… 9
行動随伴性とは ……………………………………………………… 10

❷ Case 紹介 ……………………………… 21

Case 1	休み時間に自傷行動を続けるユミちゃん ……………………… 22
Case 2	大声で泣き叫び、おもらしをしてしまうマミさん …………… 28
Case 3	授業中に空中文字を書くヒロシくん ………………………… 34
Case 4	叱責や注意が嬉しいカーくん………………………………… 40
Case 5	爪噛みをするハナさん ……………………………………… 46
Case 6	教室を飛び出してしまうイチロウくん ……………………… 52
Case 7	激しい他害行動、自傷行動が頻発するタロウくん ………… 58
Case 8	強迫的な確認行動や攻撃行動のみられるミチオさん ……… 64
Case 9	授業中の離席や友だちとのトラブルが頻繁にみられるヒロトくん ……… 70
Case 10	母親にしつこくつきまとうケンイチくん………………… 76
Case 11	いたたまれずに家出をしてしまうユウくん ……………… 82
Case 12	日常のあらゆることに対して、手伝いを求め続けるカナメくん ………… 88
Case 13	授業時間に教室からの逃走行動が多いシンくん ………… 94
Case 14	動物に対する攻撃行動がみられるナオキくん …………… 100

Case 15	母親や祖母に暴力をふるってしまうコウジくん	106
Case 16	強迫的な確認をするガッちゃん	114
Case 17	ぐずぐずしてなかなか教室へ行かないタケくん	120
Case 18	衝動的に発言してしまうシマくん	126
Case 19	グループホームで物を投げるコウタさん	132
Case 20	自分の思いどおりにならないとパニックを起こすアキラくん	138
Case 21	授業に参加できないナミさん	144
Case 22	通園施設で紙類を破ってしまうタクトくん	150
Case 23	教室から出ていってしまうユウコちゃん	156

❸ 行動問題とは ……………………………… 163

行動問題とは …………………………………………… 164

用語解説

機能的アセスメント	27
行動の機能	39
強化と罰	45
ABC分析	57
分化強化	75
機能的コミュニケーション訓練	81
プロンプト	93
課題分析と行動連鎖	113
トークンエコノミーシステムとレスポンスコスト	119
セルフマネジメント	143

編者・執筆者一覧

Caseの一覧表

本書で紹介をしている23のCaseについて、アセスメントを行った後にどのような視点で支援を行っているのか、一覧表にまとめました。読み進めるときの参考にしてください。

Case概要	支援場所	年齢・学年	障害種	支援概要
Case1　ユミちゃん	特別支援学校	中学1年生	自閉症 知的障害	機能的コミュニケーション訓練 好みを利用した支援
Case2　マミさん	特別支援学校 家庭	小学2年生	自閉症 知的障害	機能的アセスメントに基づく支援
Case3　ヒロシくん	小学校	小学3年生	自閉症	機能的アセスメントに基づく支援
Case4　カーくん	特別支援学校	小学5年生	広汎性発達障害 知的障害	分化強化
Case5　ハナさん	幼稚園	5歳	アスペルガー	機能的アセスメントに基づく支援
Case6　イチロウくん	小学校	小学1年生	ADHD	授業改善
Case7　タロウくん	特別支援学校	中学1年生	自閉症 知的障害	低頻度行動分化強化 トークンエコノミーシステムを利用した支援
Case8　ミチオさん	家庭	高校3年生	自閉症 知的障害	他行動分化強化 トークンエコノミーシステムによる支援
Case9　ヒロトくん	小学校	小学1年生	?	機能的アセスメントに基づく支援
Case10　ケンイチくん	家庭	中学3年生	自閉症 知的障害	余暇活動の選択肢拡大

行動問題	支援の対象となる適応行動	アセスメントを生かす支援の視点
自傷行動	代替行動 　1人でできる行動を増やす 望ましい行動 　要求サイン	1 好みを利用する
不適切な排泄	代替行動 　要求を伝える 望ましい行動 　活動参加	1 好みを利用する
授業中に空中に字を書く行動	望ましい行動 　課題従事	1 好みを利用する 7 高頻度で行われる行動 　レパートリーを利用する
指示不従事	望ましい行動 　指示に従う行動	1 好みを利用する 3 選択機会を入れる 4 上手に褒める 7 高頻度で行われる行動 　レパートリーを利用する
爪噛み	望ましい行動 　活動参加 代替行動 　要求を伝える	1 好みを利用する 5 先手を打つ
教室からの退室	望ましい行動 　課題従事	1 好みを利用する 6 物理的な環境を変える
自傷行動、他害行動	望ましい行動 　行動統制	1 好みを利用する 8 スモールステップ
強迫的な確認行動 攻撃行動	望ましい行動 　行動統制 　余暇活動の充実	2 行動問題の生じていない 　状況を利用する 4 上手に褒める 5 先手を打つ
授業中の離席 友だちとのトラブル	望ましい行動 　課題従事	2 行動問題の生じていない 　状況を利用する 5 先手を打つ
母親にしつこくつきまとう	望ましい行動 　余暇活動	3 選択機会を入れる

Caseの一覧表

Case概要	支援場所	年齢・学年	障害種	支援概要
Case11　ユウくん	特別支援学校	中学2年生	知的障害	視覚プロンプトを用いた行動形成
Case12　カナメくん	療育機関	小学6年生	自閉症 知的障害	分化強化
Case13　シンくん	特別支援学校	小学1年生	自閉症 知的障害	授業改善
Case14　ナオキくん	地域	高校生	自閉症 知的障害	プロンプトを用いた行動形成
Case15　コウジくん	家庭	中学1年生	アスペルガー	機能的アセスメントに基づく支援
Case16　ガッちゃん	特別支援学校	中学1年生	広汎性発達障害 知的障害	約束カードを利用した支援
Case17　タケくん	小学校	小学2年生	ADHD	強化子の設定による支援
Case18　シマくん	特別支援学級	小学4年生	?	行動統制をねらいとした支援
Case19　コウタさん	グループホーム	38歳	広汎性発達障害 知的障害	スケジュールの修正
Case20　アキラくん	特別支援学校	中学1年生	自閉症 知的障害	機能的アセスメントに基づく支援
Case21　ナミさん	特別支援学校	中学2年生	自閉症 知的障害	授業改善
Case22　タクトくん	通園施設	5歳3か月	自閉症 知的障害	条件性弁別を用いた支援
Case23　ユウコちゃん	小学校	小学3年性	?	課題の見直しとプロンプトの修正

行動問題	支援の対象となる適応行動	アセスメントを生かす支援の視点
家族の注意による家出	望ましい行動 　食事のマナー 　計算機を使った計算 　適量で洗・歯みがき	3 選択機会を入れる
過剰な要求 他害行動	望ましい行動 　援助要求の使い分け	3 選択機会を入れる
授業中の逸脱行動	望ましい行動 　課題従事	3 選択機会を入れる 8 スモールステップ
動物への攻撃行動	望ましい行動 　動物に接する適切な行動	4 上手に褒める
家庭内暴力 二次障害	望ましい行動 　気分を切り替える 　待つ間の行動	4 上手に褒める 5 先手を打つ 6 物理的な環境を変える
自傷、強迫的な確認	望ましい行動 　約束カードをみる	5 先手を打つ
教室に入室できない	望ましい行動 　スムーズな移動、入室	5 先手を打つ
衝動的な発言	望ましい行動 　先生の話を終わりまで聞いて発言する	5 先手を打つ
物を投げる	望ましい行動 　1人でできる行動を増やす	5 先手を打つ 6 物理的な環境を変える
パニック	代替行動 　要求を伝える	5 先手を打つ 6 物理的な環境を変える
授業における逸脱行動	望ましい行動 　授業参加	5 先手を打つ 6 物理的な環境を変える
紙を破る	望ましい行動 　要求カードを渡す 　活動参加	7 高頻度で行われる行動レパートリーを利用する
教室からの退室	望ましい行動 　課題従事	8 スモールステップ

① 行動随伴性とは

① 行動随伴性とは

本書では、行動上の問題を示す人への支援を多数紹介しています。いずれのケースも、なぜその人がその行動を示すのか、ということをアセスメントしたうえで支援を行っています。アセスメントから支援につなぐ際に、基本としているのはいずれのケースも「行動随伴性」です。ここでは、この行動随伴性について、大学3年生のヨウスケくんの生活を例に挙げ、説明します。

1 行動が起こるわけ（行動随伴性とは）

ヨウスケくんには、これといった趣味もありません。授業のない週末は、撮りためたドラマや大好きなロックグループのDVDをゴロゴロしながらみて過ごしています。今日も、朝からテレビの前に陣取って、ゴロゴロ。見かねたお母さんから、「いい若者が天気のいい日に、家でゴロゴロしていないの」と文句を言われてしまいました。そのうち、

お母さんが掃除を始めました。今にも、「じゃま」と文句を言われそうです。仕方なく、ヨウスケくんは外に散歩に出かけました。しばらく行くと、最近できた釣り堀をみつけました。ちょっとのぞくと、竿とエサ代で、500円とリーズナブルです。サラリーマン風のおじさんから小学校に上がる前の子どもまで、釣りを楽しんでいます。釣れるのは、ニジマスやアユなどです。釣ったものは買い取って持ち帰ることができます。「これなら、手軽に楽しめそうだ」と思ったヨウスケくんは早速500円を払って、初めての釣りに挑戦しました。

　最初のうちはなかなか釣り上げられませんでしたが、30分を過ぎるころにニジマスを釣り上げました。そのあとは、だいたい20分に1匹のペースで、2時間を過ぎるころには5匹のニジマスを釣り上げることができました。あっという間の2時間に大満足のヨウスケくんです。釣った魚は、1匹300円で買い取り、家に持ち帰りました。母親は、さっそくニジマスを塩焼きにして夕食に出してくれました。父親にも母親にも妹にも「すごいね！」「おいしいね！」と褒められ、ますます大満足のヨウスケくんでした。それから毎週末のヨウスケくんの釣り堀通いが始まりました。

　さて、ヨウスケくんはなぜ釣り堀通いを始めたのでしょうか？

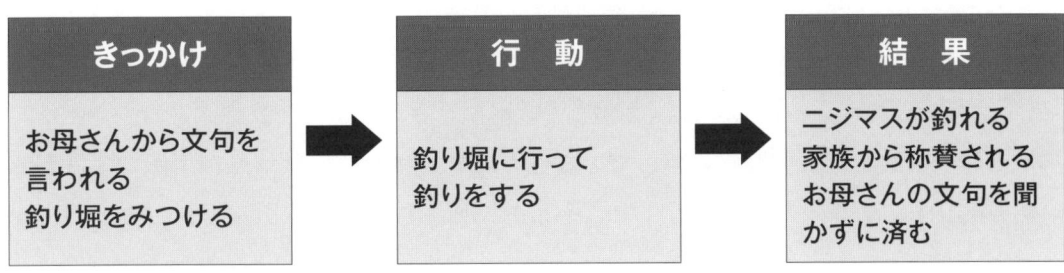

　きっかけは、お母さんから文句を言われて外に出たところ、釣り堀をみつけた、ということです。釣り堀に行って釣りをすると、ニジマスが釣れたり、家族に称賛されたりします。つまり、釣りに行くことによって、それまで手元になかった魚と家族の称賛を手に入れることができるのです。お母さんの文句も聞かずに済みます。

　このように、ある条件のもと（きっかけ）で、ある行動をすると、ある変化（結果）が起こることがあります。行動の前にはなかった出来事が行動によって起こったり、逆

に行動の前にはあった出来事が行動によってなくなるという具合です。このように、行動を起こすことによって、きっかけが結果のように変化することを「行動随伴性」といいます。言い換えると、きっかけと結果は、行動によって因果関係を結んでいるということになります。また、行動のきっかけとなることが行動によって変化する場合に、そのきっかけのことを「弁別刺激」といいます。ここで「釣り堀に行って釣りをする」という行動に対して「釣り堀をみつける」というきっかけは、結果としては変化しませんので、弁別刺激とはいえません。ここでの弁別刺激は、「お母さんから文句を言われる」ということになります。この後、釣り堀通いが始まるとしたら、魚が手元にない状況や家族から称賛されていないことも弁別刺激となるかもしれません。また、行動が生起する理由やその目的のことを「機能（function）」といいます。ここでは、お母さんの文句からの逃避が行動の機能であったようです。行動の機能には、他者からの注目を求めるものや、活動や物を獲得するためのもの、行動自体が快の刺激を求めるものなどがあります。

　反対に、随伴関係にない例を挙げてみます。ヨウスケくんは釣りに行く前に、大好きなABCというロックグループのコンサートDVDをみていました。しばらくすると妹がリビングに入ってきて、ヨウスケくんの目の前にあったリモコンを手にとってDVDを止め、テレビのスイッチを入れました。テレビでは芸能ニュースをやっていて、アナウンサーが大きな声で「今、大ニュースが飛び込んできました。ロックグループABCが解散を発表しました」と盛んに叫んでいました。ヨウスケくんは、思わず妹に「俺がみていたDVDを勝手に止めたから、解散するとかになったじゃないか」と因縁をつけています。妹は「なにそれ？」とつぶやいて、自分の部屋に戻ってしまいました。当然、妹の「DVDを止めてテレビに切り替える」行動によって、ロックグループが引退したわけではありません。また、妹は芸能ニュースがみたくて、自分の部屋からリビングに出てきたようですから、ヨウスケくんがABCのコンサートDVDをみていたことが妹の行動のきっかけにはなっていないようです。こうした、きっかけと行動、そして結果が因果関係を結んでいない場合には、行動随伴性とは呼びません。

きっかけ		行　動		結　果
ABCというロックグループのコンサートDVDをみる		妹がDVDを止めてテレビに切り替える		ABCというロックグループが解散した

2　行動が維持されるわけ（強化）

　行動随伴性が成立している場合に、行動によってその人にとって良い変化（良いことが起こったり悪いことがなくなる）が起こるとしたら、その行動は維持されていきます。行動が維持されていく随伴性を「強化」といいます。反対に、行動によってその人にとって悪い変化（悪いことが起こったり良いことがなくなる）が起こるとしたら、その行動は減っていきます。行動が減少あるいは消失する随伴性を「罰あるいは弱化」といいます。しかし、結果として起こる良いことや悪いことは人によって違います。ここが、人の行動の面白さであり難しさでもあります。さて、このあたりのことをもうしばらくヨウスケくんの行動から説明していきます。

　毎週末、釣り堀に通い始めたヨウスケくんですが、毎回、大漁というわけにはいきません。時には1匹も釣れない日もあります。1匹も釣れない日は、餌がなくなれば50円で追加してもらい、3時間も4時間も粘ったりします。それでも釣れなければあきらめるわけですが、釣れなければ釣れないほど、次の週末が待ち遠しくなるヨウスケくんです。さて、この1匹も釣れない場合の行動随伴性を考えてみましょう。

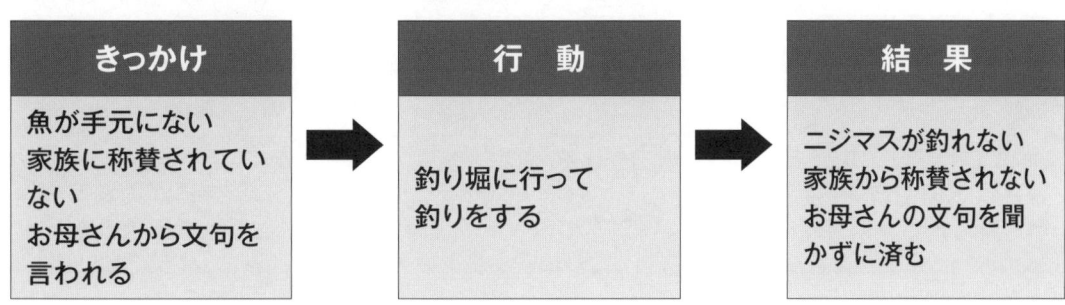

この場合、釣り堀に行って釣りをするという行動は、魚は手に入れられないし家族にも称賛されませんから、その前後に何の変化も生み出していません。にもかかわらず、週末になればヨウスケくんは同じ行動をとろうとします。これは、なぜでしょう？　考えられる答えは3つです。

　1つ目は、文句を言っている、あるいは言いそうなお母さんがいる場合に、釣り堀に行けばその文句を聞かずに済むということです。

　2つ目は、釣れる日もあれば釣れない日もある、ということです。釣れなかった日だけみると、変化は起こっていませんが、別の日にはニジマスが釣れて家族に称賛されるという変化を生み出すのかもしれません。それは次の週かもしれないし、2週間後かもしれません。このように、いったん確立した行動は、毎回好ましい変化が起こらなくても、時々起こる変化を求めて維持される場合があります。

　3つ目の答えは、釣りをする、という行為そのものを楽しんでいるのかもしれないということです。ヨウスケくんの場合は、釣り針に餌をつけて糸を釣り堀にたらします。しばらくすると、餌のそばに寄ってくる魚がみえます。そして、寄ってきた魚が恐る恐る餌をつつき始めます。水の上の浮きもつんつん動き始めます。浮きを見続けているうちに、浮きがぐいと水の中に引っ張られます。この瞬間に竿を立てます。

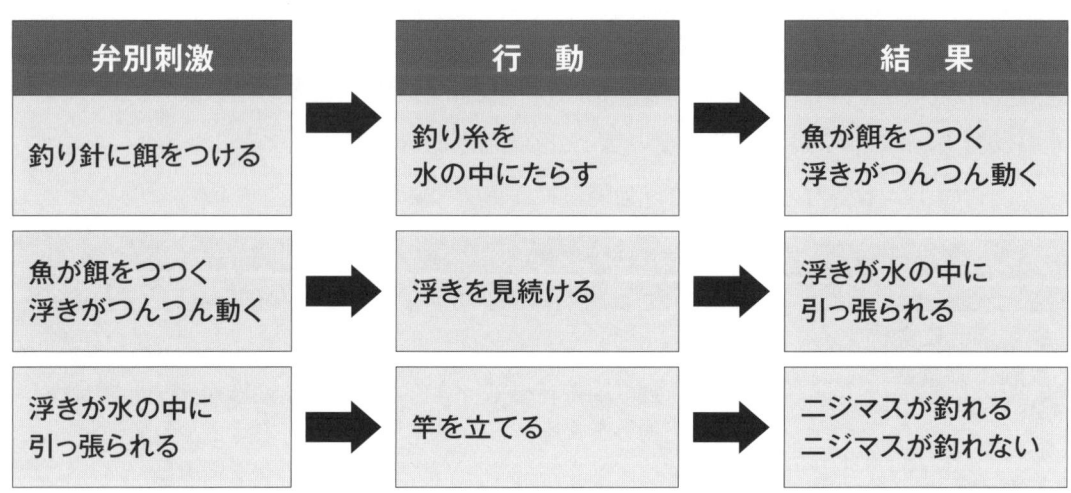

こうしてみていくと、最終的なニジマスが釣れる、という結果までにヨウスケくんの行動によって、いくつかの変化が生み出されています。このなかのどの随伴性が最も楽しいのか、これも人それぞれです。ニジマスが釣れるという最終強化子の有無にかかわらず、こうした一連の行動そのものが強化としてはたらくことを「行動内在型強化」といいます。たとえば、高校生に「なぜ勉強をするの？」と聞いたときに、「問題を解けた瞬間がうれしいから」と答えるような場合がこれに相当します。先の機能でいうと、行動そのものが生み出している快の刺激を求めているといえます。

3 随伴性で説明できない行動（迷信行動とルール支配行動）

　さて、ヨウスケくんはここ2週間、まったく釣れない「ボウズ」を経験してしまいました。悔しくて今日こそは釣ってやるとばかり、いつも食べない朝ごはん、しかもかつ丼を食べて出かけました。するとどうでしょう。あっという間に10匹を超える大漁です。これに味を占めたヨウスケくんは、次の週末から釣りに出かける前には朝ごはんにかつ丼、と決めたようです。

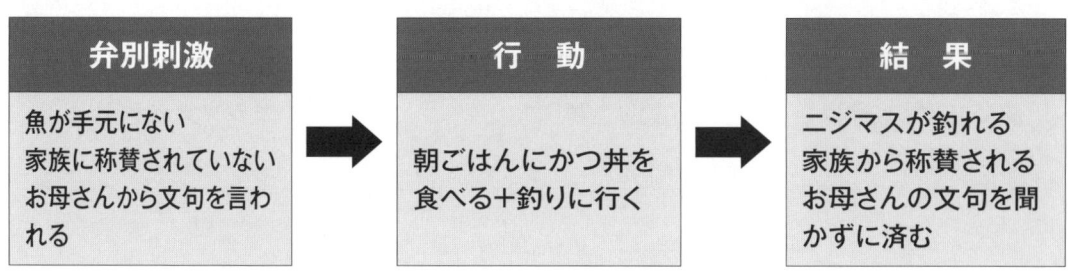

　こうしたいわゆるゲン担ぎ、ということは誰でも経験することでしょう。しかし、朝ごはんにかつ丼を食べたからといってニジマスが釣れることにはなりません。これは行動随伴性とは呼びません。これまで説明してきたように、実際に随伴性にさらされて、生起するようになったあるいは生起しなくなった行動は、「随伴性形成行動」といいます。しかし、人間の行動には、随伴性だけで説明できないものもあります。その1つが、ここで説明したヨウスケくんの朝ごはんにかつ丼、の例です。これは、「迷信行動」といい

ます。迷信行動とは、たまたま行った行動の直後に何か良いことが起こると、その直前の行動が強化され、その行動が維持されることをいいます。たとえば、野球選手が大事な試合の日に赤いパンツをはいて行ったら勝ったことを経験して、その後、負けられない試合のある日には必ず赤いパンツをはく、といったことです。しかし、そこには論理的・科学的根拠はありません。さらにもう1つ、随伴性によって維持されていない行動がヨウスケくんにもあるようです。

　朝ごはんにかつ丼を食べてから、釣り堀に出かけることがすっかり定着したヨウスケくんですが、ある日、かつ丼を食べたにもかかわらず、1匹も釣れない日がありました。午前中からもうすでに5時間を過ぎています。ため息をつきながら帰り支度を始めたヨウスケくんの様子を見て、隣に座っていた、同年齢くらいの青年ミツキくんが、「最近よく会いますね。今日は、もう帰るんですか？　これからが、釣れる時間なのに」と声をかけてきました。ヨウスケくんは「そうですか？」と疑心暗鬼の様子です。「夕方は魚も腹が減るから、食いつくんですよ」と。その言葉に、あと1時間だけ、とエサを追加したヨウスケくんです。

　このように、実際に経験をしなくても他者からもらうアドバイスにより、行動が起こってくる場合があります。「随伴性形成行動」が行動のすぐ後に起こる結果によって、行動が減ったり増えたりするのに対して、行動をしてすぐに結果が現れないかもしれないきっかけを頼りに行動を起こします。こうしたきっかけは他者からの言語であり、これを「ルール」と呼びます。たとえば、「今日は午後から雨が降ります。お出かけの際は傘をお持ちください」という天気予報はルールです。そして、このルールによって生起する行動を「ルール支配行動」といいます。天気予報を聞いて、傘を持って家を出る、という行動が

出たとしたら、これはルール支配行動となります。他にも、駐車場でよくみかける「無断駐車、罰金３万円いただきます」といった看板もルールです。このルールに従い、別の駐車場を探す行動はルール支配行動です。ルール支配行動は、言語をもつ人間だけにある行動です。

4 行動が起こりやすくなる条件（条件性弁別）

さて、たまたま隣に居合わせたミツキくんのアドバイスに従って行動したヨウスケくんは、そのあと１時間でニジマス３匹と初めてのアユ２匹を釣り上げ、お礼を言いました。そして、ついでに「ひょっとして、釣れる時間と釣れない時間があるのですか？」と聞いてみました。ミツキくんは、「魚によって違いますけれど、ここの釣り堀では、夕方お客さんが帰ってから餌をまくのです。だから、その直前は最もおなかがすいているわけです。そして、たいていアユやニジマスは暗くなってからのほうが活動しますね」と教えてくれました。これまでどちらかというと、午前中に釣り堀に来ていたヨウスケくんは、次の週から午後３時過ぎに家を出るようにしました。

（３時過ぎ）

　３時過ぎに釣りに行くと午前中やお昼くらいの同じ状況よりも、さらにニジマスやアユが釣りやすいわけです。こうした同じ弁別刺激に対して、条件がつくことを「条件性弁別」といいます。いつもと同じ状況なのに、やったりやらなかったりするといった場合に、この条件性弁別が関係していることがあります。この条件を見誤ってしまうと、生活のなかで大きな損をしたり、間違いを犯して他人から攻められたりします。

5 行動が起こらなくなるわけ（罰）

　ずいぶん、釣り堀の上級者になってきたヨウスケくんですが、最近、少し困ったことになっています。ニジマスやアユが釣れ過ぎてしまうのです。1匹の買い取り値段は、300円です。10匹釣れると3000円です。これは、いくら竿とエサ代が500円といっても、かなりの高額です。時給900円のアルバイト代がすぐに消えていってしまいます。たくさん釣り上げたいのに、釣り上げるとお金がかかってしまうという状況になってきてしまいました。さらに、釣った魚は家に持って帰るのですが、妹から「毎週、ニジマスの塩焼きばかりで飽きちゃった」と言われる始末です。

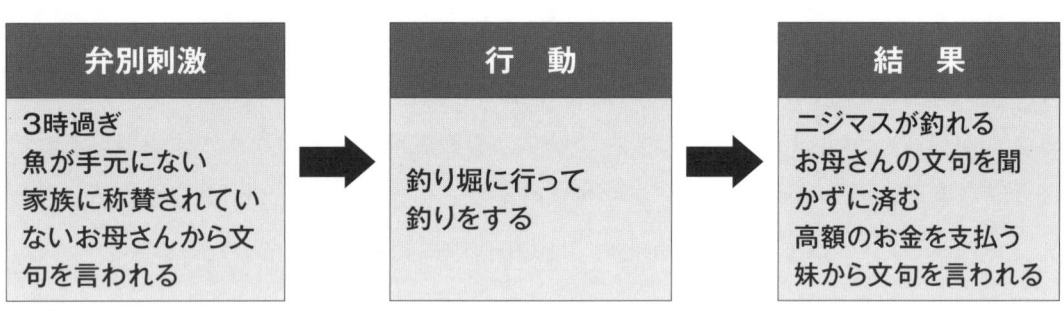

　さて、みなさんだったらどうしますか？　ヨウスケくんは、釣れない時間帯に来てみたり、浮きがつんつんしたらぐいと引かれる前に竿を立てたりしてみました。つまり、魚が釣れるよりもお金を支払ったり、妹からの文句を避けることのほうがヨウスケくんにとっては、重要なようです。当然、こうした気を遣った釣りは面白くないのです。このままだと、釣り堀に行かなくなってしまうかもしれません。せっかく、楽しくなってきた釣りに来てストレスいっぱいになってしまいます。そんな様子をみていたミツキくんが、「隣町にフナの釣り堀があるよ。フナは釣っても買い取らなくてもいいし、大漁だと賞金が出たりするよ」と教えてくれました。さらに帰り支度をしてお勘定を済ませようとしたヨウスケくんは、レジのわきの壁に「渓流釣り大会」というポスターをみつけました。必要な道具はレンタルできて、友だちと参加してもよいとのこと。当然、釣れた魚は自然のものだから、買い取りの必要はなく、その場でさばいて自分で焼いて食べる、

というものです。ヨウスケくんは急いでミツキくんに「渓流釣り大会にいっしょに出ない？」と声をかけました。

（フナ釣り）

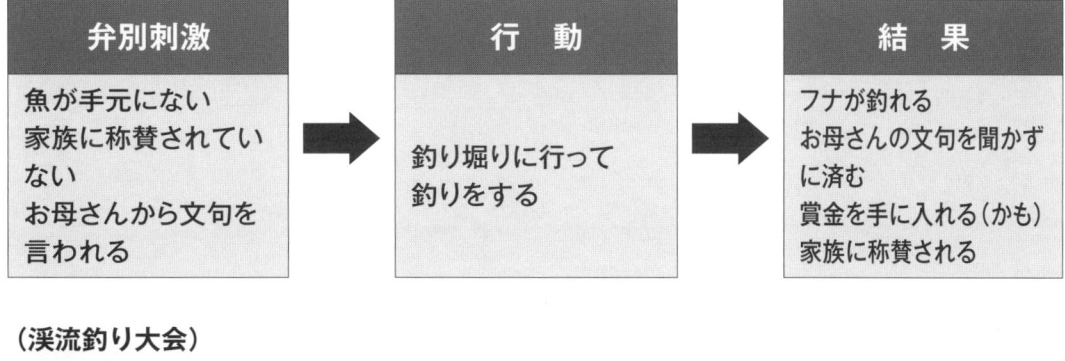

弁別刺激		行　動		結　果
魚が手元にない 家族に称賛されていない お母さんから文句を言われる	→	釣り堀りに行って釣りをする	→	フナが釣れる お母さんの文句を聞かずに済む 賞金を手に入れる（かも） 家族に称賛される

（渓流釣り大会）

弁別刺激		行　動		結　果
魚が手元にない 家族に称賛されていない お母さんから文句を言われる	→	渓流釣りに行って釣りをする	→	ニジマスやアユなどが釣れる お母さんの文句を聞かずに済む その場で食べる

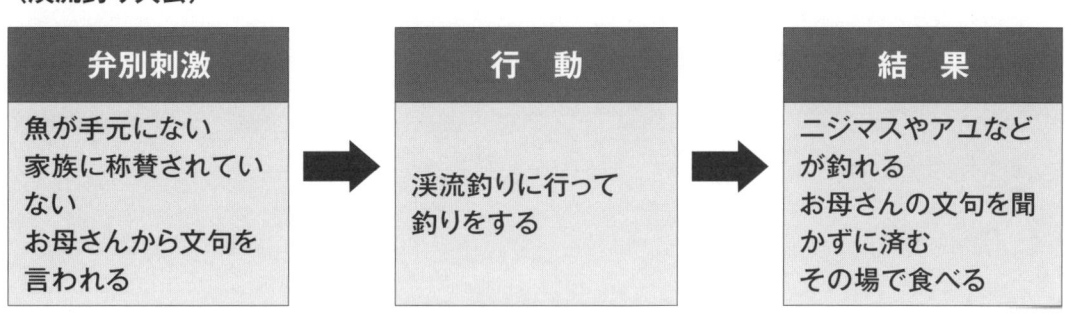

行動随伴性を明らかにすることによって、その人がなぜその行動をするのかしないのか、見極めることができます。さらに、その随伴性を操作することによって、やってほしくない行動を減らしたり、やってほしいことを増やしたりすることができます。ヨウスケくんの場合、週末ゴロゴロしている行動は、できればやってほしくない行動でした。しかし、いくらお母さんが文句を言っても、ヨウスケくんのゴロゴロは続いていました。そのときのヨウスケくんには、ゴロゴロするという選択肢しかなかったのかもしれません。偶然やってみた釣り堀に行き釣りをするという行動によって、家でゴロゴロすることが減り、さらに、ミツキくんという同じ趣味をもつ友だちもできたようです。ヨウスケくんのお母さんのように、その行動はやめてほしいな、と思うと、つい、罰の随伴性によって直接その行動を減らす手段をとることが多くあります。しかし、罰の随伴性は、

その場では効果があるとしても根本的な解決には至らないことがあります。その状況に適切な行動を増やしていくことで結果的に減らしたい行動がなくなっていくとしたら、ヨウスケくんのように、豊かな生活が待っていることでしょう。
　それでは、障害のある人たちの示す行動上の問題について、行動随伴性の観点からどのように支援を行ったらいいのか、事例（ケース）をとおして一緒に考えていきましょう。

② Case紹介

Case1
休み時間に自傷行動を続けるユミちゃん

このCaseで用いるアセスメントを生かす支援の視点
1 好みを利用する

1 Case概要

　ユミちゃんは、特別支援学校の中学部1年生の女の子です。知的障害を伴う自閉症と診断されています。常時「うー」という低いうなり声が出ていますが、それ以外に発声のバリエーションはありません。いつも伏し目がちで、なかなか人と目を合わせることがありません。促されると両手を合わせるサインをすることがあり、これは「お願いします」「ちょうだい」など多様の意味で使われています。

　ユミちゃんのクラスの担任の先生は2人です。同じクラスの子どもは3人です。ユミちゃん以外の子どもたちは、自力で歩行することが難しく、担任の先生は常にこの3人についていて、ユミちゃんは1人で過ごすことが多いようです。ユミちゃんは、2歳のころから自分の掌で側頭部を叩く自傷行動があります。それほど強い力で叩いているのではないですが、そばにいる人が聞き取ることができるくらいの小さい音が出ています。

しかも、1日中高頻度で生起しています。自傷行動と一緒に、体を前後にゆするロッキング行動が出ることが多くあります。学校では、特に先生がほかの子どもたちにかかりきりになる休み時間になると、教室の隅のほうに行って、ロッキングをしながら自傷行動を続けているようです。また、休み時間に先生のそばまで行って、先生の顔をみながら自傷行動をすることもあるようです。そんなとき先生はどうしていいのかわからず、ユミちゃんが好きなおんぶをしてなだめているようです。また、課題を呈示されたり、指示を出されると自傷行動が始まることもあります。なかなか止まらないために、出した課題や指示を先生が手伝ってあげることも多いようです。

2 アセスメント

「1日中生起している」ということでしたが、起こりやすい時間と起こりにくい時間があるのかどうかを確かめるために、1週間、学校生活における自傷行動の生起数を記録しました。

活動	時間	10日	11日	12日	13日	14日
登校	9：00	レ			レ	
朝の着替え	9：10					レ
朝の会	9：30		レ		レ	レ
移動	10：00	レ			レ	
1時間目	10：10	レ				
休み時間	11：00	レ	■	■	レ	■
2時間目	11：10			レ		
給食準備	12：00	レ			レ	
給食	12：15					
後片付け	13：00					
休み時間	13：10	■			レ	■
3時間目	13：30			レ		
着替え	14：20			レ		
帰りの会	14：30		レ	レ		レ
下校	15：00			レ		レ

記号の意味：□＝ほとんど起こらなかった　レ＝活動の半分以上で起こった　■＝止まらずに起こり続けた

Case 1　休み時間に自傷行動を続けるユミちゃん

3　アセスメントを受けて、ユミちゃんへの支援のポイント

　学校生活において、自傷行動を高頻度に起こっているユミちゃんですが、止まらないのは休み時間です。何もすることがない時間になっているために、自傷行動とロッキングによって自らの体で何らかの感覚を起こしているようです。また、これらの行動によって時間を過ごすことができるために、先生方はほかの子にかかわり、ユミちゃんは指示を出されることもなく放っておかれます。

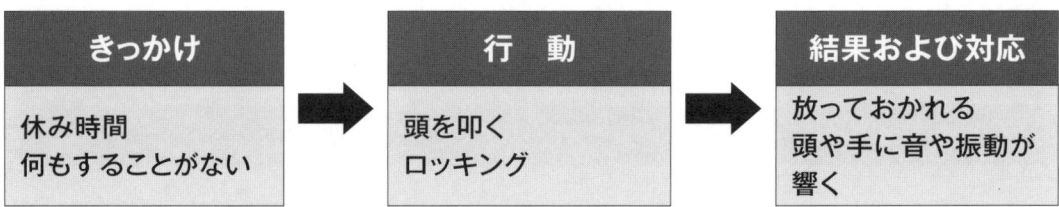

　何もすることがない休み時間にユミちゃんの好きな活動を提供することができれば、その活動から得られる強化によって自傷行動をせずに過ごすことができるかもしれません。当然、自傷行動やロッキングよりも好きな活動を探すことが必要となります。そして、先生がつきっきりにならずに、ユミちゃんが1人でできる活動でなければ、先生の手があくか否かでできたりできなかったりしてしまいます。

4　ユミちゃんへの支援方法

　アセスメントをうけて、ユミちゃんの好きなもの探しを始めました。お母さんからは、光るものやキラキラしているもの、特定のキャラクター、ピンク色、鏡で自分の顔をみることなど、たくさんの好きなものが提案されました。こうした条件を踏まえたものをたくさん集めました。実際に、ユミちゃんが手にとるのかどうか、1つずつ呈示しながら確かめてみました。手にとる頻度が違うことから好みの差はあるようでしたが、1つのもので遊ぶ時間はそれほど長くありません。そのために、複数のものを用意しました。そして、透明の箱のなかにそれらのものを入れて、教室の隅のほうに置いてもらうこと

を先生にお願いしました。休み時間以外に、ユミちゃんやほかの子がこれらのもので遊び始めると授業に参加することが難しくなりますから、授業中は教室の上の棚に置いてもらうことにしました。また、箱を置いてあることにユミちゃんが気づかないと、それらのものを使って遊ぶことができませんから、休み時間の最初に、その時々で1番のお気に入りのものを1つ示して、ユミちゃんに「ちょうだい」のサインをしてもらい、渡してから、箱をユミちゃんの目の前において「このなかのもので遊んでいいよ」と声をかけてもらうことを先生にお願いしました。

5 ユミちゃんへの支援の効果

　好きなものが入った箱を教室に置いてもらうようになった当初は、先生がそのものを呈示してくれるために、ユミちゃんは先生と遊べると思ったようで、物を渡されてもすぐに先生のそばに行って、ウロウロしていることがありました。そこで、箱のすぐ近くに、ユミちゃんが座れるよう柔らかいマットを敷いてもらいました。そして、先生のそばにきたユミちゃんを箱の前に連れて行き、マットに座らせてから、好きなものを呈示してもらいました。ユミちゃんがサインをしたら渡す、ということを繰り返し行いました。しばらくすると、休み時間にはユミちゃんが先生のそばに来て、促されなくても「ちょうだい」とサインをするようになりました。好きなものは、手にとらないと遊べないために、そのものをもっているうちは必然的に自分の手で頭を叩くことはできません。徐々に、1つのもので遊んでいるのが飽きても、立ち上がって先生のそばに来なくなり、自ら箱のなかの別のものを手にとるようになりました。こうして、好きなもので遊ぶ時間が延びてくると、自傷行動は減っていきました。アセスメントを行ったときに、休み時

Case 1　休み時間に自傷行動を続けるユミちゃん

間中ほとんど止まらなかった自傷行動は、箱を置いてから3か月たつと1／10程度、あっても1分以内に収まるようになりました。また、ものをもらうときに促されて行っていたサインは、給食や授業中、何かを選択する際に自発的に行えるようになってきました。

6　ユミちゃんへの支援のまとめ

　休み時間の自傷行動が減り、サインがいろいろな場面に広がったユミちゃんですが、1日をとおしてみると、自傷行動はなくなったわけではありません。さらに、それほど強い力で叩いていたわけではない自傷行動は、起こるとその強さが増してきました。そして、今までユミちゃんの視線は合いづらかったのですが、きちんと相手の目をみるようになってきました。これは、自己刺激的に行われていた自傷行動が減った分、要求の意図をはっきりと含んだ自傷行動に変わってきたことを示すのかもしれません。ユミちゃんの要求意図が何であるのか、さらにアセスメントで探っていくことが必要です。そのうえで、社会的に適切なコミュニケーションを教えて自傷行動との置き換えを図ることが今後の課題となってきます。

　ユミちゃんへの支援では、ユミちゃんの好きなものを探し、それを自傷行動の起こっている環境のなかに組み込みました。担任の先生は、この方法をお話ししたときに、「なぜ、ユミちゃんだけの特別なものを教室に置かなければいけないのか」「こうしたものが中学部の教室に置かれることはふさわしくないのではないか」という意見をもたれました。さらに、「サインの促し方がわからない」というような不安の声も出ました。そこで、まずは、好きなものを呈示しながらどのように促すのか、筆者らがやっている様子をみてもらいました。ユミちゃんがスムーズにサインをして遊びだす様子をみた先生は、これならできるかもしれない、と思ったようです。また、徐々に自傷行動が減っていくユミちゃんをみて、先生方が最初に抱いた意見が再び出されることはありませんでした。

（小笠原　恵）

機能的アセスメント

　機能的アセスメントとは、行動問題の生起に関係する情報を収集することを指す。機能的アセスメントには、主に、①インタビュー法、②直接観察法、③機能分析、の3種類がある。

①インタビュー法

　インタビュー法には、本人をよく知る両親や教員、支援者、ときには本人自身に対して、その行動についていくつか質問をし、それに答えてもらうインタビューと、質問紙を用いて記入してもらう方法がある。インタビューの項目には、対象となる行動の定義（形態、その頻度、持続時間、強さなど）、行動のきっかけ（活動内容や身体的・生理的な要因など）、行動への対応を含む。コミュニケーション様式や適応行動、興味や関心、好みなどがわかると支援につなげやすい。

②直接観察法

　インタビュー法は、手軽に用いることができるが、その結果は回答者の主観に左右されることは否めない。さらに、行動の生起要因を探るためには、直接観察を行うことが有効である。観察を行う場合の記録方法は、O'Neillら (1997) が開発した機能的なアセスメント観察用紙 (Functional Assessment Observation Form)、Touchetteら (1985) が提案した、スキャタープロットなど、いくつか考案されている。

③機能分析

　直接観察を行っても、それは行動の機能を推測するにすぎず、さらに正確に行動の生起の因果関係を見極めるためには、統制された実験場面において分析することが必要となる。Iwataら (1982) により行われた、実験場面での機能分析法は、その後多くの研究者によって行われ、改善されてきた。たとえば、難しい課題が呈示される場面、他の人から注目されない場面、好みの物が手に入らない場面、一人遊びの場面、行動問題が生起しにくい統制場面（たとえば、要求や指示がなされず、他の人と遊んだりやりとりをする）の5つの場面を設定する。統制場面を除いたいずれの場面も行動問題のきっかけと結果の両方を操作する。

　たとえば、難しい課題が呈示される場面では、その人が達成することが困難である課題を呈示し、行動問題が生起した場合にはその課題を取り除くという操作がなされる。どの場面において行動問題が高頻度で生起するのか、統制場面と比較しながら観察する。各場面で生起する行動問題は、特定の機能を示している。難しい課題が呈示される場面で行動問題が高頻度で生起しているとしたら、その行動は逃避の機能を示している。同様に、他の人から注目されない場面では注目要求、好みの物が手に入らない場面では好みの物あるいは活動の要求、一人遊びの場面では行動が産出する感覚を求めていることを示す。

Case2
大声で泣き叫び、おもらしをしてしまうマミさん

このCaseで用いるアセスメントを生かす支援の視点
1 好みを利用する

1 Case 概要

　マミさんは、特別支援学校小学部2年生の女の子です。知的障害を伴う自閉症と診断をされています。幼児期よりこだわりが強く、一度身についた行動を繰り返します。また、一度泣き出すと泣き止みません。母親は、そのような行動をどう理解し、対応すればよいのかを悩んでいました。

　学校でも、2年生になり、登校時のバス停や下校時の道ばたでズボンを下げ、排泄してしまいました。また、授業中であれ、休み時間であれ、大声で泣き叫ぶことがあり、その際、おもらしをしてしまうことが多くみられました。日に何回もあり、クラスの子

どもたちは、マミさんの甲高い声や泣き声が嫌で、耳を塞いだり、パニックになったりと、教室は騒然とします。そんなときは、担任はマミさんのそばに行き後始末をし、その後一緒に歌を歌ったり、くすぐり遊びをしたりして、その場を過ごしていました。

2 アセスメント

マミさんの大声で泣き叫び、おもらしをする行動がどのような状況や結果のなかで起きているのか調べるために、学校と家庭で2週間記録しました。

〔学校〕

月/日	時間	きっかけ	行動	結果・対応
6/12	8:45	・登校時 ・スクールバスから降り、玄関に向かうとき	・下駄箱前に座り込む ・大声で泣き叫び、おもらしをする	・担任が隣に座り「一緒に教室に行こう」と話しかける ・まわりの先生が「どうしたの」と声をかける
6/12	10:30	・外での活動(泥遊び) ・学年の児童と中庭に出た直前	・大声で泣き叫び、おもらしをする ・教室に走って行く	・担任が教室に行くと、すぐに泣き止む ・着替え後、マミさんが廊下を何度も往復し、担任がその後を追いかける ・活動は終わる

〔家庭〕

月/日	時間	きっかけ	行動	結果・対応
6/9	19:00	・両親が会話をしている ・マミさんは1人で居間にいる	・トイレに出たり入ったりする ・大声で泣き叫び、おもらしをする	・そのままにしておくと、20分程で泣き止む ・着替え後、お母さんがくすぐり遊びをしてくれる
6/9	20:00	・入浴後、マミさんはジュースを飲んでいる ・お父さんは着替えの後始末をしている	・時々泣いている。 ・眠そうで床にごろごろする ・大声で泣き叫び、おもらしをする	・お父さんが抱っこをすると30分程で泣き止む ・布団を敷いてもらい、着替え後一緒に寝る

Case 2　大声で泣き叫び、おもらしをしてしまうマミさん

3 アセスメントを受けて、マミさんへの支援のポイント

　アセスメントの結果、マミさんの大声で泣き叫び、おもらしをする行動には次の4つのことが関係していることが分かりました。

　①やりたくない活動や見通しがもてない活動のとき、その行動をすると、やりたくない活動をやらなくても済む。

　②休み時間や1人でいるとき、その行動をすると、担任や母親が側に来て、好きな遊びをしてくれる。

　③眠いとき、その行動をすると、母親や父親が布団を敷いて、添い寝をしてくれる。

　④空腹のときに、その行動をすると、母親がお菓子やご飯を食べさせてくれる。

　一方、担任や母親と遊んでいる場面では、そのような行動は起こらず、遊びを要求する言葉も出ていました。

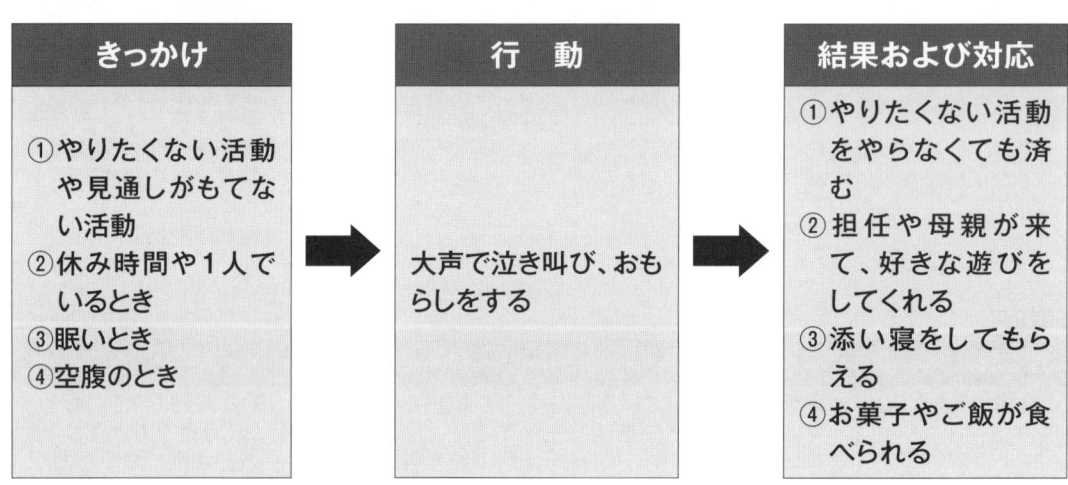

4 マミさんへの支援方法

アセスメントをうけて、次のような支援方針を決めました。
①やりたくない活動や見通しがもてない活動

　1日の活動に見通しをもたせるように絵カードや活動に使う物を呈示したり、参加ができそうな活動を促したりすることによって、担任と一緒に活動に参加し、活動ができたり、かかわりが得られるようにする。

②休み時間や1人でいるとき

　担任にかかわりを求めている素振りや様子がみられたら、担任が「遊んで」とモデルし、マミさんが言ったら、担任や母親が遊ぶようにする。

③眠いとき

　「眠い」とモデルし、「眠い」と言ったら、添い寝をしてあげる。

④空腹のとき

　学校では休み時間にスケジュールを確認し、家庭では母親に食事時間を一定にしてもらい、ご飯までの見通しをもたせる。

　同時に、マミさんが大声で泣き叫び、おもらしをする行動をしても、その行動にはさりげなく対応をし、望ましい行動にはすぐに対応するようにする。

きっかけ	行　動	結果および対応
①絵カードや活動に使う物や参加できそうな活動を呈示 ②休み時間や1人でいるとき ③眠いとき ④空腹のとき	①担任と一緒に活動に参加 ②「遊んで」と言う ③「眠い」と横になる ④「おなかすいたの」「食べるの」と言う	①活動ができる　担任とのかかわりを得る ②好きな遊びができる ③添い寝をしてもらえる ④「もうすぐご飯だね」とスケジュールを確認する

Case 2　大声で泣き叫び、おもらしをしてしまうマミさん

5　マミさんへの支援の効果

　支援を進めると、学校では多い日には3～4回あった大声で泣き叫び、おもらしをする行動が、週に2～3回に減りました。また、泣いたとしても気持ちを切り替えることが早くなり、時間も2～3分と短くなりました。

　マミさんは、見通しがもてる活動や日々の日課は、自分1人で取り組めるようになりました。休み時間や1人でいるときも、遊んでほしいときは、「遊んで」と言葉で伝えることが多くなってきました。さらに、眠いときや空腹のときも活動の見通しがもてたのか、我慢できるようになりました。

　このように、マミさんの行動が変わると、クラスの子どもたちも、耳を塞いだり、パニックになったりということもなくなり、落ち着いて活動に取り組めるようになりました。また、休み時間に、担任が仲介しながらクラスの子どもたちとかかわることを楽しむ姿もみられてきました。

　一方、家庭では以前より減ったものの、休日は対応が難しい状況でした。そこで、大声で泣き叫び、おもらしをする行動が起きる時間帯の調査をしました。その結果、起床直前、10時頃、11時頃、16時頃、20時頃に多く、休日の食事時間や間食の時間帯と合致することが分かりました。休日は、時間をもてあまし、母親はマミさんが泣くと何か食べ物を与えてしまうことが分かりました。そこで、母親には、食事時間を整え、生活リズムを一定するように提案しました。そのために、家庭の生活を尊重し、食事および間食は、朝食7時頃、昼食12時頃、間食16時頃、夕食18時頃にとるようにし、午前中は学校で行っている課題学習をし、午後は買い物や散歩等をしてもらいました。買い物には、担任も同行し、母親に対応を示しました。また、生活リズムを支えるために福祉サービスを利用したり、父親への協力もお願いしました。その結果、マミさんの行動は安定してきました。

6 マミさんへの支援のまとめ

　今回の支援においては、マミさんの大声で泣き叫び、おもらしをする行動のアセスメントから、見通しがもてない活動を避けたり、担任や保護者から遊んでもらったり、かかわり得たりするという機能が明らかとなりました。そこで、活動の見通しがもてるように状況を改善し、かかわりを得る「遊んで」という表現を教えたところ、その行動は減っていきました。マミさんは活動ができ、かかわりを得る手段を得たことで、大声で泣き叫び、おもらしをする必要がなくなったと考えられます。

　また、母親も機能的アセスメントシートを記入しました。それによって、母親とは、記録に基づいて行動の意味や対応についての話ができるようになり、家庭の様子もさらに詳しく分かるようになりました。したがって、保護者と協力して支援を行うためには、行動を記録し、それをもとに支援を考えることが大切であると思います。

（佐々木　千絵）

Case3 授業中に空中文字を書くヒロシくん

このCaseで用いるアセスメントを生かす支援の視点

1 好みを利用する
7 高頻度で行われる行動レパートリーを利用する

1 Case 概要

　ヒロシくんは、小学校通常学級3年生の男の子です。高機能自閉症の診断を有しています。話し方に特徴はありますが、会話には支障はありません。お菓子のロゴが大好きで、休み時間にはノートに書いて楽しんでいます。そんなヒロシくんへの気がかりは授業中の行動でした。

　ヒロシくんのクラスは35名で、担任は1名です。ヒロシくんは、授業中に、空中に指で文字を書くのです。先生が注意すると止めるのですが、注意しないとずっと書いていることもあります。先生は、何とか授業に集中して欲しいと思っています。友だちもヒロシくんの行動を奇異に思っている様子です。なかには気にする友だちもいて、「やめろ」と大声で注意することもあります。そんなとき、ヒロシくんはびっくりして、パニッ

クを起こしてしまいます。担任は、何とかヒロシくんの空中文字を書く行動を止めさせたいと思いました。でも、今のところ、ヒロシくんに気づかせるように、注意するしか手立てはありません。そのことが、クラスの子どものヒロシくんの評価を落としていることも気になります。

2 アセスメント

ヒロシくんへの支援を考えるために、空中文字を書く行動を起こすのは、どんな授業なのか時間割を用いて調べてみました。

	月	火	水	木	金
1	算数	○国語	英語	図工	習字
2	習字	算数	体育	△社会	△道徳
3	理科	図工	算数	○国語	体育
4	音楽	図工	理科	算数	○国語
5	○国語	理科	○国語	音楽	音楽
6	英語	体育	△社会	総合学習	算数

記号の意味：○＝複数回起こした　△＝１回起こした

3 アセスメントを受けて、ヒロシくんへの支援のポイント

ヒロシくんが空中文字を書く行動を起こすのは国語や社会の授業が中心でした。一方、休み時間には起こらず、また算数や体育、音楽などの時間にも起こりませんでした。特に国語はほかの授業を比べると、文章を読みとり、内容を理解することが求められます。それはヒロシくんの苦手な課題です。

このことから、次の２つのことがヒロシくんの空中文字を書く行動の原因となっていると思われました。

① 文章を読みとり、内容を理解するような苦手な課題で、空中文字を書く行動を起こし、課題から逃避している。

Case 3　授業中に空中文字を書くヒロシくん

　②課題に取り組めない（することがない）状況で、空中文字を書く行動を起こし、感
　　覚刺激を得ている。

　これらのことが悪循環となり、さらに課題に取り組めず、空中文字を書く行動でしか、
授業に参加できない状況を生み出しているようでした。

きっかけ	行　動	結果および対応
・国語、社会の授業 ・文章を読みとり、内容を理解する課題 ・することがない状況	・空中文字を書く	・課題からの逃避 ・感覚刺激の獲得

　そこで、国語の授業において、ヒロシくんに取り組みやすい課題を呈示して、課題に
取り組みやすくし、その取り組みの達成感が得られるようにすれば、空中文字を書く行
動を起こす必要がなくなると思われます。

4 ヒロシくんへの支援方法

　アセスメントを受けて、担任は考え込んでしまいした。取り組みやすい課題を呈示す
るようにすればよいことは分かりました。しかし、具体的には、どうすればよいでしょう。
　そこで、担任と相談しました。ヒロシくんが頻繁に起こしている空中文字を書く行動
は、そのままでは困った行動ですが、それを課題に生かすことはできないか。また、ヒ
ロシくんはお菓子のロゴをノートに書くのが好きです。友だちもすごいねと感心してい
ます。そこで、この２つの得意なことを生かして、ヒロシくんの「きっかけ」「行動」「結
果」を変えることにしました。
　国語の授業では、その導入で、漢字の書き取りを行います。そこで、漢字をノートに
書く前に、空中に文字をなぞり、次にノートに書く課題にする。そして、課題をしたら
自分で好きなマーク（ヒロシくんの場合はお菓子のロゴ）をノートに書いて良いことに
する。それもヒロシくんだけでなく、クラス全員にこの課題を呈示することにしました。

きっかけ	→	行　動	→	結果および対応
・国語の授業 ・漢字空中になぞる課題の呈示		・漢字を空中になぞりノートに書く		・課題の遂行 ・感覚刺激の獲得 ・好きなロゴを書ける

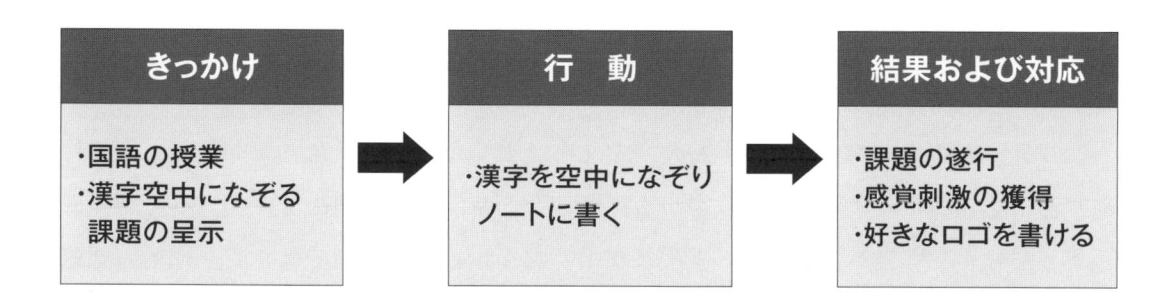

5 ヒロシくんへの支援の効果

　国語の授業で、漢字を空中になぞり、ノートに書く行動を課題としたら、ヒロシくんは喜んで取り組みました。そして、ノートに漢字を書いて、正しく書けたら、自分で好きなロゴを書きました。すると、授業中の空中文字を書く行動は減り、先生の説明をしっかり聞くようになりました。ヒロシくんにとって、取り組める課題が呈示され、それをすることができ、それが分かりやすい結果につながり、課題に取り組む必然性が生まれたようです。

　先生はこの様子をみて、驚いてしまいました。ヒロシくんは力があるのに課題に気持ちを向けられないと思っていたからです。しかし、ヒロシくんの変容をみて、空中文字をもっと応用できないか考えました。そこで、ヒロシくんの苦手な文章の読み取りの課題を工夫してみることにしました。

　たとえば、人物の気持ちを読みとる課題では、人物の気持ちを読みとるための手がかりがあります。以前、そのことを先生が説明しても、ヒロシくんは聞いていないようにみえました。そこで、たとえば、「肩を落として」等の動作を手がかりとして人物の気持ちを読みとる場合、「どうさ」と空中文字で書いて、次に文章を読むように促しました。するとヒロシくんは、空中文字を手がかりとして、課題に取り組むようになりました。

　その効果はヒロシくんだけではありませんでした。クラスの友だちも空中文字を書いて楽しそうです。ヒロシくんの空中文字を書く行動は、奇異な行動ではなく、課題に沿った行動になったのです。

Case 3　授業中に空中文字を書くヒロシくん

❻ ヒロシくんへの支援のまとめ

　このケースにおいて、ヒロシくんの空中文字を書く行動のアセスメントから、その行動が苦手な課題から逃避し、取り組める課題がない状況で感覚刺激を得ている行動であることが分かりました。そこで、先生は空中文字を止めさせるのではなく、授業の課題として取り入れました。それによって、ヒロシくんには取り組みやすい課題が呈示され、課題をすることができました。そして、課題ができたら、自分の好きなロゴを書くことができました。すなわち、ヒロシくんが高頻度でしている行動を課題に生かすことで、課題ができない状況から課題ができる状況に転換できたことが効を奏したと考えられます。

　最初、先生はこうした支援について、「ヒロシくんの空中文字を書く行動を強めてしまわないだろうか？」「ほかの子に迷惑ではないだろうか？」という意見でした。

　それは、ヒロシくんは注意されれば、空中文字を書く行動を止めていたので、先生はヒロシくんには力があるのに取り組まない。取り組まないのは、ヒロシくんの気持ちしだいと考えたのです。

　しかし、空中文字を書く行動を課題にすると、ヒロシくんの取り組みは変わりました。それによって、先生は授業のやり方しだいで、ヒロシくんの取り組みが違うのだと気づいたようです。そして、課題そのものを変えました。また、空中文字の課題をヒロシくんだけにするのではなく、クラス全員の課題としました。それによって、離席や騒ぐことはしないけれども、課題中に下を向いていた子どもが課題に取り組むようになったことにも気づきました。

　先生は、あらためて言われました。「やることが分かって、その達成感が得られると、子どもの気持ちが授業に向くようになるんですね」。ヒロシくんへの支援は、子どもの気になる行動が授業のやり方で変わることを先生に気づかせてくれたようです。

（平澤　紀子）

行動の機能

　人間が行う行動には、理由がある。この理由、あるいは行動の目的のことを「機能 (function)」という。行動の機能には、以下の4つがある。「感覚」「注目」「物や活動」「逃避」の要求である。「感覚」要求とは、その行動自体が産出する刺激を求めて行う行動である。「注目」要求とは、他者からの注目がない状況で生じて、他者の注目が呈示されることで収束する行動である。「物や活動」の要求とは、物や活動が手に入らない状況で生じて、物や活動を獲得することによって収束する行動である。「逃避」要求とは、何らかの嫌悪な刺激のある状況で生じて、それらの刺激が取り除かれることによって収束する行動である。行動は、1つの機能が含まれていることもあるし、複数の機能が絡み合っている場合もある。また、その人の同じ行動が、場面や状況によって異なる機能を含む場合もある。

Case4
叱責や注意が嬉しい カーくん

このCaseで用いるアセスメントを生かす支援の視点
1 好みを利用する
3 選択機会を入れる
4 上手に褒める
7 高頻度で行われる行動レパートリーを利用する

1 Case概要

　カーくんは、特別支援学校の小学部5年生です。広汎性発達障害と知的障害の診断を受けていました。

　自分から他者に話しかけることは少ないですが、学校で身近な道具や給食に出てくる食材など、簡単な単語は見たり聞いたりして選ぶことができていました。好きなことは、メロディ絵本や音楽を聞くこと、お腹をポンポンと叩く腹鼓を自分でやったり他人にやってもらったりすること、プレイルームに行くことや、CMのフレーズなどを言うことでした。本人からの働きかけは1〜2語文で、休み時間などには「歌の本かしてください」

「トイレ行ってきます」などの音声言語表出がみられました。

　一方で、言語理解については、いろいろな意味で課題がありました。他者が「机を運んで」「立って」などの指示を出しても、すぐには応じることができず、周囲の反応をみて、動き出すような傾向がみられました。こうしたことは、カーくんの理解力や注意・記憶の問題も関係している可能性も考えられました。しかし、これまでに応じることができた指示を出した場合でも、ニヤッとしながら机や床に寝そべったまま、動かずにいることが度々みられました。ほかに、トイレ帰りに立ち止まっているところを呼びかけると、反対方向やプレイルームまで駆け出していくこともたびたびありました。こうした行動は学校だけでなく、放課後のレスパイト活動でもあるようでした。また、休み時間などに注意を受けた場面での発言内容を独語することが度々見受けられ、「やめてください」「もう、なにやってんの」などといったフレーズはまるでお気に入りのように繰り返していました。

2 アセスメント

　指示された内容の理解が難しい場合は別にして、カーくんにとってわかりやすい指示内容であった場合にもみられる、指示に従わない行動を対象として、担任に対して行った機能的アセスメントインタビューの結果、この行動の起こるきっかけとして指示を出すこと、その対応として注意をしたり、促したりすることや、無視をするようにしているということが挙げられました。無視をするのは、たとえば「先生しーらない」や「じゃ、バイバーイ」「先に行ってまーす」といった対応をした場合、しばらくすると立ち上がったり、教室に戻ってくる場合が多いためでした。加えて、注意をした場合にはカーくんはニヤッと口角を上げ、まるで楽しんでいるような印象を受けるということでした。実際に学校で行動観察を行った結果も踏まえたところ、以下のような随伴性が推定されました。

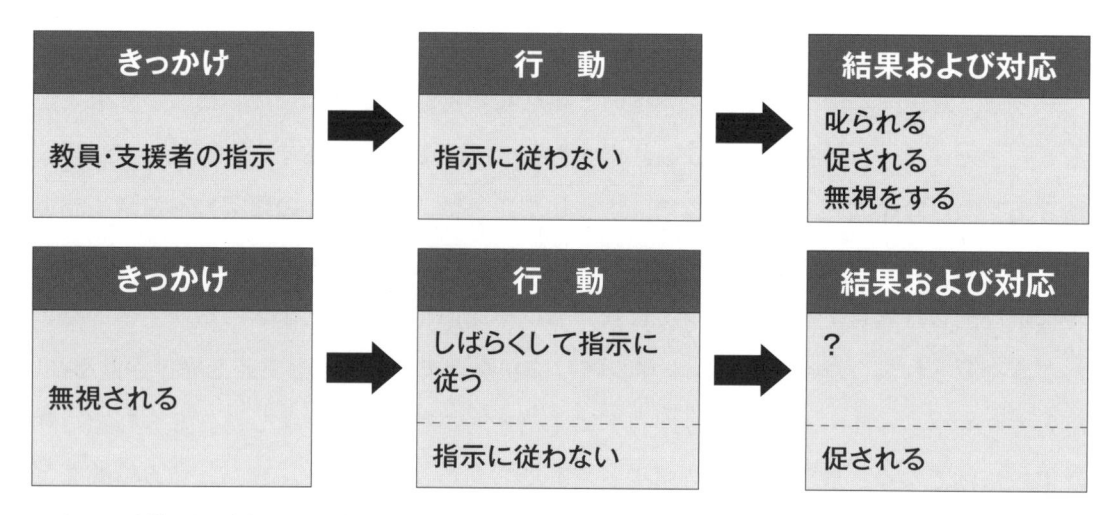

Case 4　叱責や注意が嬉しいカーくん

きっかけ	行動	結果および対応
教員・支援者の指示	指示に従わない	叱られる／促される／無視をする

きっかけ	行動	結果および対応
無視される	しばらくして指示に従う	？
	指示に従わない	促される

　なお、「指示に従わない」といった否定形による表記は、行動を表すのに適当ではありませんが、本事例では「座った（寝そべった）ままでいる」「プレイルームに行く」などの行動を総称して「指示に従わない」としました。

3 アセスメントを受けて、カーくんへの支援のポイント

　以上のようなアセスメントの結果より、カーくんの指示に従わない行動は、教員や支援員を含めた他者からの注目を求めて起きていることが推測されました。しかも、特に注意や叱責も含めた否定的な内容で注目されることがほとんどでした。無視をした場合には、最終的に指示に従うことができることも多いですが、それでも指示に従うことができずに促されることもあるようでした。
　そこで、カーくんが指示に従うことによって、叱責や注意ではない注目を得ることができれば、指示に従わない行動は減少するのではないかと考えられました。

4 カーくんへの支援方法

　カーくんの適応的な行動を促すために、指示に従うことができた場合、音楽に合わせて本人の好きな動作（腹鼓）をすることや、好きなフレーズ（カーくんがよく口にする

CMや独語）をささやくこととしました。指示を出す際には、好きなフレーズや腹鼓（はらつづみ）のレパートリーを表したカードを示しました。そして、従うことができた場合には、カーくんに希望する好みのものを選択するよう尋ね、カーくんの選択したことを教員が行いました。このカードは常に教員が首から下げておきました。指示に対してすぐに従うことができた場合には以上のような対応を行いましたが、一度指示を出しても従うことができなかったときには、「さん、に、いち…」とカウントダウンをし、その間に従うことができた場合には、先の好みのレパートリーを示したカードの裏面に記したまあまあ好きなフレーズのなかから、1つを耳元でささやくことにしました。それでも従うことができなかった場合には、無言で身体的な援助をするような対応をしました。なお、カーくんはメロディ絵本をみることやプレイルームに行くことも好んでいましたが、授業中などすぐに許可することができない可能性があったため、いつでもどこでも充足できる対応を中心に支援することにしました。

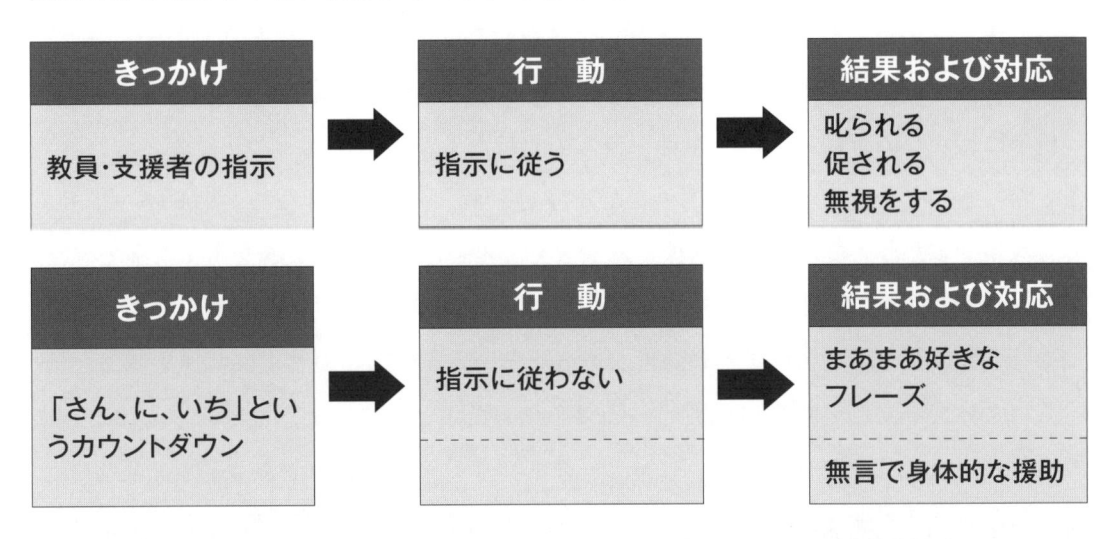

きっかけ	行　動	結果および対応
教員・支援者の指示	指示に従う	叱られる 促される 無視をする
「さん、に、いち」というカウントダウン	指示に従わない	まあまあ好きなフレーズ 無言で身体的な援助

5 カーくんへの支援の効果

　カーくんに対して以上のような支援を行ったところ、導入してすぐに教員の首に下がってる好みのカードに興味を示しました。指示に従い、カードにかかれたことを教員にやってもらえたときには、とても嬉しそうな表情がみられました。また、カウントダウンが

Case 4　叱責や注意が嬉しいカーくん

始まった場合にも、いそいそと指示されたことに取り組み始める様子がありましたが、好みのレパートリーのカードの裏面にあるまあまあ好きなフレーズを示されると、「こっち」と言いながら裏返そうとすることが多くありました。床に寝てしまうことや机に伏してしまうこと、廊下で立ち止まることも1日のうち少なからずありますが、そうした場合にも教員の指示に応じられるようになりました。

6　カーくんへの支援のまとめ

　カーくんへの支援のポイントは、指示に従えない行動への対応を工夫したことにあります。支援を行う前、こうした行動に対して教員は促したり、注意をしたりする対応を行ってきましたが、それが本人にとって注目の与えられやすいプラスの結果となっていました。つまり、よかれと思って行ってきた常識的な対応が、カーくんの思う壺となっていたのです。そのため、教員もカーくんに注目をしないよう放っておきましたが、それでも指示に従うのに時間がかかることや、時々従わないことに問題がありました。

　指示に従わない行動によって注目を得るのではなく、指示に従うことによって好きなことができるという随伴性に変化させたといえます。また、好きなことのレパートリーを複数用意したうえで、本人が選択する機会を設定したことも、大きなポイントでした。さらに、すぐに従うことができず、カウントダウンを経た後で指示に従えた場合には、やや好きなことを用意したことも効果があったといえます。この3点に共通することは、本人にとって好ましい結果に意図的に価値を与えたことです。1点目は、本人にとって好ましかった注意や叱責よりも、もっと好ましいフレーズや動作を結果に伴わせることで、指示に従う行動を促しました。2点目は、すぐに従う方が高い価値があるように、好ましいフレーズや動作を得ることと、まあまあ好ましいフレーズを得ることとの差別化を図りました。3点目は、好ましいフレーズや動作のレパートリー自体にも複数の選択肢を設定し、本人が飽きないように工夫しました。このように、結果の質についてその違いに気がついたカーくんは、自分の行動をコントロールしていったともいえるでしょう。

（末永　続）

強化と罰

　行動随伴性において、将来的に行動が維持されたり増大されていくような場合の結果操作を強化という。強化には、2通りの随伴性がある。1つは、行動した結果、その人にとって何か良いことがあった場合であり、もう1つは、行動した結果、その人にとって何か悪いことがなくなった場合である。この、何か良いことを強化子という。強化子には、たとえば、食べ物や飲み物、性的な刺激など、人の生命維持に関係するために、ほとんどの場合がはじめて呈示されたときに強化子として機能する、無条件性強化子あるいは1次性強化子と呼ばれるものがある。一方で、最初は強化子として機能していないものの、無条件性強化子やすでに強化子としての機能を有している刺激と対呈示されることによって、強化子としての機能を有する刺激もある。たとえば、褒め言葉や遊び、お金や物、特権などであり、これを条件性強化子あるいは2次性強化子という。

　反対に、行動随伴性において、将来的に行動が低減したり消失するような結果操作を罰（あるいは弱化）という。罰にも2通りの随伴性がある。1つは、行動した結果、その人にとって何か悪いことが起こった場合であり、もう1つは、行動した結果、その人にとって何か良いことがなくなった場合である。この、何か悪いことを嫌子という場合もある。罰の操作には、この強化子の除去や嫌子の呈示以外に、いくつかの方法がこれまで研究されてきた。ここでは、タイムアウトと過剰修正について紹介する。タイムアウトは、一定期間、強化を受ける機会を与えないようにすることで不適切な行動を減少させる手続きである。強化を受けているその場から、対象者を離してしまう隔離タイムアウトと、その場にはいるものの強化を受けられないような制限を加える非隔離タイムアウトがある。たとえば、サッカーで反則をした選手がレッドカードの通告をされ、退場させられるような場合を隔離タイムアウトという。かるたでお手つきをしてしまった人が、次の回はお休みしなければならないような場合を非隔離タイムアウトという。いずれも、それによって反則やお手つきが減っていかなければ罰の操作とはいえない。過剰修正は、行動の結果として壊れてしまったり、汚れてしまったような状態を元通りにしたうえで、さらにそれ以上の修正を加えるといった回復過剰修正法と、その場の状況に不適切な行動をした場合に適切な行動を何回も集中的に訓練する積極的練習法がある。コップをひっくり返して牛乳をこぼした子どもに対して「こぼした牛乳をふきなさい。ついでにテーブル全部、きれいにしてね」と言うような場合、回復過剰修正法という。テストで漢字を間違えたときに、間違えた部分の漢字を直すだけではなく、先生が「明日までに間違えた漢字を20回ずつ、ノートに書いてきなさい」と言うような場合、積極的練習法という。これもタイムアウトと同様、牛乳をこぼすことや漢字を間違えることが減っていかなければ罰の操作とはいえない。

Case5
爪噛みをする ハナさん

このCaseで用いるアセスメントを生かす支援の視点
1 好みを利用する
5 先手を打つ

1 Case 概要

　ハナさんは、幼稚園年長の5歳の女の子です。アスペルガー症候群との診断を受けています。一方的に話をすすめたり、場の状況を読み取りにくいなどの特徴はありますが、落ち着いて話をしたり、視覚的な手がかりを用いて説明をすると理解することができます。ハナさんは紙芝居や絵本が大好きなことから、先生はハナさんに対して絵を用いながら指示を出すなどの工夫をしていました。

　ハナさんは小さいときから指吸いがやめられませんでしたが、年長になったと同時に指吸いがなくなり、替わりに爪噛みが始まりました。ひどいときには指先から出血して、

泣きながら先生に痛みを訴えてくることもあります。年長にもなると周りの子どもたちは爪噛みや指吸いをする子がいなくなり、ハナさんの爪噛みはクラスのなかでも目立つようになってきました。ハナさんと手をつなぐことを嫌がる友だちも出てきたこともあり、先生はハナさんに「爪を噛むと痛いからやめようね」と注意をするようにはしていましたが、注意をするという対応にとどまっていました。

2 アセスメント

　ハナさんの爪噛みの行動がどのような状況や結果のなかで起きているのか調べるために、園と家庭で2週間記録しました。

〔幼稚園〕

月/日	時間	きっかけ	行動	結果・対応
4/12	9:00	・登園後、玄関で上靴にはきかえるとき	・爪を噛みながらじっと立ちつくしてる	・担任が隣に座り「一緒に教室に行こう」と話しかける
	9:15	・教室での自由遊びのとき	・爪噛みをしながら、友人たちが遊んでいるのをじっとみている	・まわりの友だちが「どうしたの？ ハナちゃんもする？」と声をかける
	10:15	・設定遊びで工作をしていて、うまく切ることができなかったとき	・爪噛みをする	・補助の先生が横にきて「一緒にしようか」と言う ・友だちが手伝ってくれる
	12:30	・みんなが給食を食べ終わるのを待っているとき	・爪噛みをする	・そのままにしておく
4/13	9:00	・登園後、玄関で上靴にはきかえるとき	・爪噛みをしながらじっと立っている	・近くにいた友だちが「一緒に教室にいこう」と声をかける
	9:30	・自由遊びで新しい鬼ごっこをみんながしたとき	・爪を噛みながら横でじっとみている	・補助の先生と一緒に鬼ごっこをする
	13:30	・自由遊びのときに1人で本を読んでいるとき	・爪を噛みながら本を読む	・「指を吸うと血が出るよ」と先生が注意

Case 5　爪噛みをするハナさん

〔家庭〕

月/日	時間	きっかけ	行動	結果・対応
4/12	19:00	・テレビを見ているとき	・爪噛み	・そのままにしておく
	20:30	・母に怒られたとき	・爪噛み	・父が抱っこをする
4/13	8:00	・朝テレビを見ているとき	・爪噛み	・そのままにしておく
	20:00	・姉と片づけのことで喧嘩をしたとき	・爪を噛み	・父が抱っこをする

3 アセスメントを受けて、ハナさんへの支援のポイント

アセスメントの結果、ハナさんの爪噛みの行動は次のことが関係していると推測できました。

①自分が何をしていいのかわからないような見通しのもてない状況のとき
②やりたくない活動や自分にとって困難そうに思える活動のとき
③暇で退屈なとき

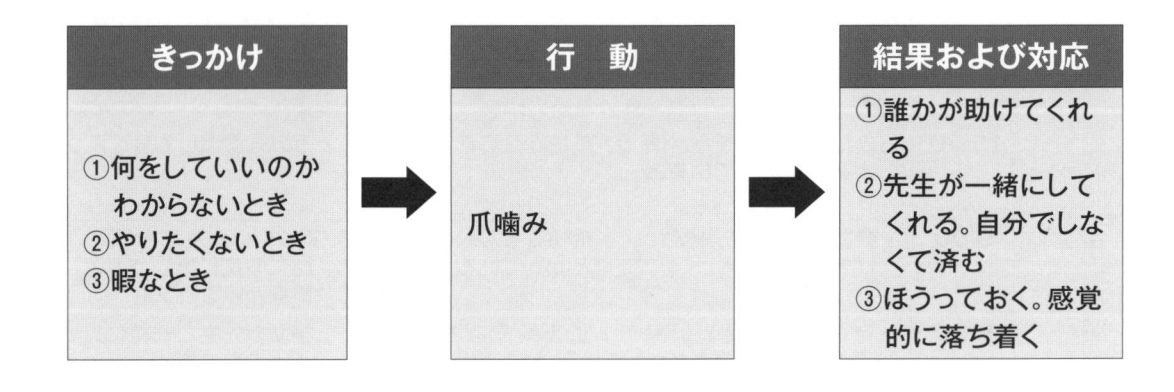

きっかけ	行動	結果および対応
①何をしていいのかわからないとき ②やりたくないとき ③暇なとき	爪噛み	①誰かが助けてくれる ②先生が一緒にしてくれる。自分でしなくて済む ③ほうっておく。感覚的に落ち着く

4 ハナさんへの支援方法

アセスメントをもとに次のような支援方針を決めました。

まず見通しをもちやすくするために園での1日のスケジュールを視覚的に呈示するようにしました。またそれぞれの活動においても詳細なスケジュールを呈示して、活動の前に補助の先生から個別に各活動についての説明を行うことにしました。ハナさんは文字が読めますが、絵があるほうがより理解しやすいため、絵と文字とを組み合わせたスケジュールを使用しました。

「自分が何をしていいのかわからないような見通しのもてない状況のとき」と同じように、活動のなかで事前に視覚的に工夫できる点は事前に工夫をしておきました（例：はさみでどこの線を切るのかがわからない→線を赤くする、など）。次に先生に手伝ってほしい活動のときには、爪噛みをすることで先生や友だちの手伝いを得ることができるのではなく、「手伝って」と言葉で伝えることによって先生が手伝ってくれることを事前にハナさんに伝えておきました。またできたときにだけ褒めるのではなく、頑張っている途中にもハナさんの頑張りを認めていきました。さらに活動が終わったあとには、先生がハナさんの大好きなキャラクターの絵をノートに書くことを伝えておきました。

ハナさんはテレビをみているときやみんなが給食を食べ終わるのを待つときなど、暇なときにも爪噛みをする行動がみられました。これは感覚遊びと同じような機能があり、指を口にいれることで得る感覚刺激を楽しんだり、暇つぶしができることで気持ちを落ち着かせたりする機能があると考えられました。事前のアセスメントでは家庭内ではテレビを見ているときに爪噛みが起こることが多かったため、そのときには保護者が手をつないで一緒にテレビをみること、暇そうにしているときには手を使うような別の遊び（ハナさんの場合には好きなキャラクターの塗り絵が大好きだったので、塗り絵など）に誘って、保護者と一緒にハナさんの好きな遊びをしてみることを工夫してみることにしました。同様に園でも待ち時間にハナさんが1人でできる遊びを用意することにしました。

またハナさんは絵本が大好きだということを利用して、先生はハナさんのために絵本

を作り、爪噛みが起こっていないときに絵本の読み聞かせをしました。その絵本を家庭にも渡して、保護者からも読み聞かせをしてもらいました。

絵本の内容は、

①手や爪にはたくさんのばい菌がついています。

②爪を噛むとそのばい菌がおなかに入り、おなかが痛くなることもあります。

③爪を噛んでいると周りのお友だちも嫌な気持ちになります。

④爪を噛みたいと思ったときには先生に言って手のひらにスタンプをおします。

⑤そのスタンプをギュと握りしめたらもう大丈夫。

という内容のものでした。

5 ハナさんへの支援の効果と修正

まずスケジュールを呈示することで1日の流れやそのときの活動の流れがはっきりしたことから、ハナさんが今何をしないといけないのかがわからず立ち尽くすことがなくなり、この場面での爪噛みはなくなりました。また自分のできないと思うことがあるときには先生や友だちに「手伝って」と言葉で伝えることが多くなりました。言葉で言えずに爪噛みをしそうになったときには「何て言うのかな？」と声かけをすることで、そ

の質問を手がかりにして「手伝って」という言葉で伝えることができるようになりました。

　また退屈なときにも爪噛みをする行動がみられていましたが、保護者と手をつないだり抱っこをしたりすることで気持ちを落ち着かせることもでき、一緒に好きな遊びをすることで家でも爪噛みをすることがなくなりました。

　絵本を作成して読み聞かせをしたことにより、園でも退屈なときにも爪噛みをすることはなくなりました。爪噛みをしたいと思ったときには先生のところにいき、「スタンプをおして」をいうことができるようになり、それをみていたクラスの友だちも同じように手のひらにスタンプを押してほしいと先生に頼むようになりました。スタンプを介してハナさんと友だちで共通の話題もできるようになり、一緒に遊べることも増えていきました。

6 ハナさんへの支援のまとめ

　このケースにおいては、ハナさんの爪噛み行動の機能をアセスメントすることで、見通しがもてないときや、やりたくないとき、さらには退屈な時間を過ごすための手段として爪噛み行動が出現していることが明らかになりました。これに対して活動の見通しをもたせやすくする工夫や、活動が終わったあとに頑張りを評価する工夫、また担任や保護者から好きな遊びでかかわってもらう工夫を行ったことで、爪噛みの行動が減少していきました。また、ハナさん用の絵本を作成し、絵本の読み聞かせをとおして「なぜ爪噛みをしたらいけないのか？」「爪噛みをすると友だちはどんな気持ちになるのか？」「爪噛みをしたくなったらどうしたらいいのか？」ということをあわせて教えていったことが有効であったと考えられます。

　また、園の先生と保護者とで同時にアセスメントシートを記入し、それにもとづいて家庭と共通理解をしたうえで対応をすすめていくことができました。これをきっかけに園と家庭とで連携をとることができるようになり、保護者も園と連携をしていくことで困った行動が減少することを実感できるよい機会になりました。

（井上　菜穂）

Case6
教室を飛び出してしまうイチロウくん

このCaseで用いるアセスメントを生かす支援の視点
1 好みを利用する
6 物理的な環境を変える

1 Case 概要

　イチロウくんは、通常学級に在籍する小学校1年生の男の子です。AD/HDと診断されています。知的に遅れはなく、体育が好きで、算数もとても得意な子です。授業が始まると、はじめのうちは、席に着くことができていますが、しばらくすると教室から外にでてしまうことが多くみられました。また、授業中に注意されたり、プリント課題を呈示されると教室を飛び出すこともあります。頻繁に飛び出してしまうために、出した課題や指示をやらずに済むことも多いようです。教室にいるときには、自分の好きな本を読んで過ごすことが多く、授業参加が難しい様子がありました。

　授業中に教室を飛び出してしまったイチロウくんは、校庭の飼育小屋をのぞいたり、図書室に逃げこんで本を読んだりしているようでした。入学当初は、飛び出したイチロウくんの後を先生が追いかけて、教室に戻ることを促していましたが、戻ってもすぐに

飛び出し、結局、本人との追いかけっこになってしまうため、どうしていいのかわからず、そのまま、図書室で落ち着くまで過ごさせていました。

　一方で、休み時間は比較的落ち着いており、友だちとごっこ遊びをしたり、追いかけっこをしたり、本をみて過ごすことが多いようです。

2 アセスメント

　教室からの飛び出しについて、起こりやすい時間と起こりにくい時間があるのかどうかを確かめるために、学校生活における逸脱行動の生起数を記録しました。

場面	行動		きっかけ			周囲の対応・結果			
	教室から飛び出す	走って逃げる	先生が注意をする	先生が指示を出す	先生が追いかける	先生が追いかける	飼育小屋の動物をみる	図書館で好きな本をみる	課題をやらない
朝の会									
休み時間									
1時間目 算数	○		○				○		○
休み時間									
2時間目 国語	○	○	○		○	○			○
休み時間									
3時間目 体育									
休み時間									
4時間目 国語	○	○		○	○			○	○
給食									
帰りの会									

記号の意味：□＝起こらなかった　◯＝起こった

Case 6　教室を飛び出してしまうイチロウくん

　算数と体育は両方ともイチロウくんの得意な教科です。にもかかわらず、算数の授業では飛び出しがみられ、体育では授業に参加している様子がありました。そこで、それぞれの様子をさらに細かく観察することにしました。

「算数の授業」

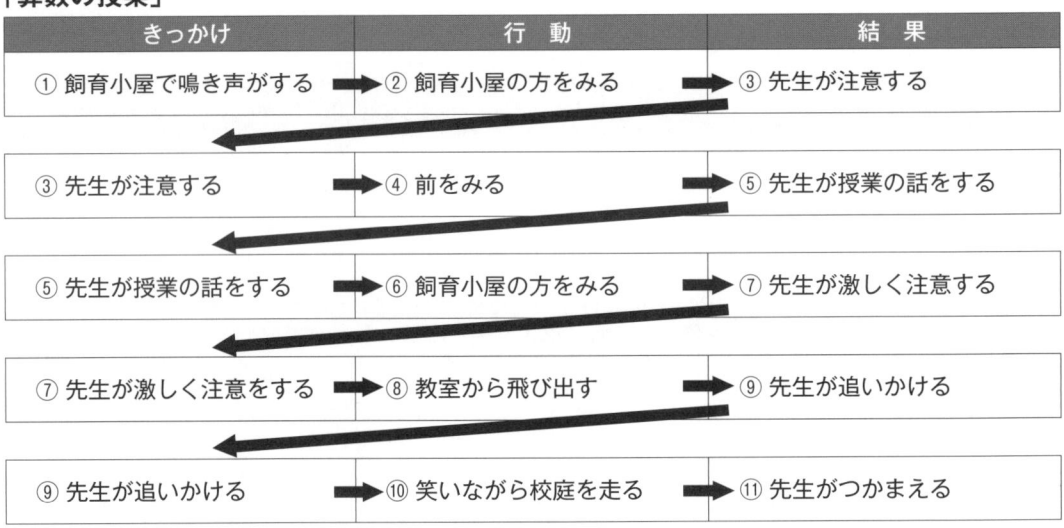

きっかけ	行　動	結　果
① 飼育小屋で鳴き声がする	② 飼育小屋の方をみる	③ 先生が注意する
③ 先生が注意する	④ 前をみる	⑤ 先生が授業の話をする
⑤ 先生が授業の話をする	⑥ 飼育小屋の方をみる	⑦ 先生が激しく注意する
⑦ 先生が激しく注意をする	⑧ 教室から飛び出す	⑨ 先生が追いかける
⑨ 先生が追いかける	⑩ 笑いながら校庭を走る	⑪ 先生がつかまえる

「体育の授業」
（その１）

きっかけ	行　動	結　果
① 先生がルールの説明をする	② 先生の方をみる	③ 先生が始めるように指示する
③ 先生が始めるように指示する	④ 縄跳びをする	⑤ 先生と友だちが褒める
⑤ 先生と友だちが褒める	⑥ 笑顔で「○○もできるよ」と言う	⑦ 先生と友だちが「すごいね」と言う

（その２）

きっかけ	行　動	結　果
	① 飼育小屋をみる	② 先生の方をみるよう注意する
③ 先生の方をみるよう注意する	④ 先生の方をみる	⑤ 次の縄跳びのやり方を言う
⑥ 次の縄跳びのやり方を言う	⑦ 縄跳びをする	⑧ 先生や友だちが褒める

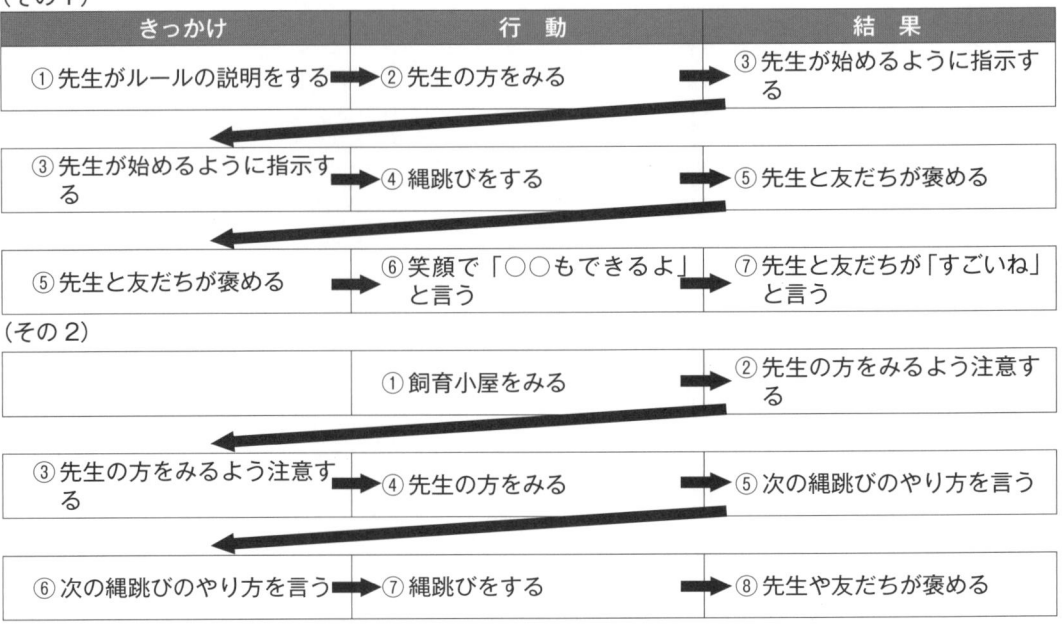

3 アセスメントを受けて、イチロウくんへの支援のポイント

　イチロウくんが授業に参加できていたのは、体育だけでした。体育がはじめから教室の外で行われているので、逸脱行動がないということもありますが、重要なのは、「体育の授業では最後まで授業に参加できた」ということです。他の授業との違いは、体育が得意であることや先生や友だちに褒められたことなどが考えられます。
　このことから、本人の好きな教科であれば授業に参加することができる可能性が考えられます。しかし、好きな教科ということでは、「算数」も同様です。「算数の授業」では、イチロウくんに気が散っている様子がみられると、先生は注意をし、そのことがきっかけで教室から飛び出してしまうようです。また、教室を飛び出した後で、先生が追いかけていくと、笑顔で逃げていく姿がみられ、つかまえてもらうことを待っているようでした。しかし、飼育小屋から鳴き声がするたびに立ちあがって窓から飼育小屋の方をみているイチロウくんを放っておくと、ずっとそのままの状態で、結果的にふらふらと教室から出て行ってしまうことにもなります。先生が注意をしないわけにはいかないようです。
　イチロウくんが授業に参加できるように、気が散らないような環境設定を行うことと、体育の授業のように授業中の課題そのものを行うことが楽しくなるように設定できないか、考えることにしました。

4 イチロウくんへの支援方法

　イチロウくんは、足し算や引き算といった計算は大好きで、正確に答えを出すことができます。また、特定のキャラクターが大好きでした。そこで、算数の授業中、計算を解く時間をたくさん取り入れました。計算問題を出した後、できた子は黙って挙手をすることをルールにしました。先生はこれまで机間巡視をしながら、子どもたち1人ひとりのノートに赤ペンで○をつけていました。このマルつけを、キャラクターのスタンプを押すことにかえました。ほかの子どもたちにも、何種類かのスタンプを用意して押し

Case 6　教室を飛び出してしまうイチロウくん

ていくことにしました。

　また、これまで窓際の席だったイチロウくんは、すぐに立ち上がって窓の外を見やすい様子がありました。そこで、前から2列目の真ん中の席にしました。この席は、イチロウくんが何かに気が散り、立ち上がったときに、先生がすぐにそばに行って、そっと肩に手を置き座ることを促すことも容易にできる位置です。

　万が一、逸脱しても、授業に戻ってきやすくするために、黒板に今日やることを貼りだし、現在の取り組んでいる内容のところを矢印で示すことにしました。

5　イチロウくんへの支援の効果

　計算が得意なイチロウくんは、計算問題ではだれよりも早く手を挙げます。そうした様子を見た周囲の友だちは、「イチロウくん、また1番だね」と言ってくれます。先生も「おっ！　計算博士。さあ、みんなも頑張ろう」とさりげなく褒めますので、クラスの雰囲気も和やかです。たくさんの計算問題を解く機会が授業のなかにあります。何かに気を取られていると、1番に手を挙げることもスタンプをもらうこともできなくなってしまうためか、算数の授業では、外を見ることがなくなり、教室から飛び出すことが減っていきました。さらに、やっているところがわからなくなっても、「先生もう一度問題を言ってください」と言うことができるようになりました。

6　イチロウくんへの支援のまとめ

　イチロウくんの支援は、まず得意な算数から始めました。外の気になるものに気がそれていたところへ、先生の注意があり、そこから逃れるために教室から飛び出していたのかもしれません。イチロウくんへの支援では、得意なところに取り組む姿勢を形成するために、環境整備と授業改善、そして評価に好みを取り入れました。この評価は、イチロウくんだけに特別なものではなく、クラス全員で共通のものとしました。こうしたいくつかのアプローチによって、何よりも計算を解く、ということ自体にイチロウくん

は集中できるようになったようです。

　しかし、ほかのあまり得意ではない授業では、まだまだ気が散って教室を飛び出してしまうことがあります。算数の授業のような改善をしながら、どのような工夫ができるか、今後考えていかなければなりません。

　また、小学校 1 年生という年齢では、キャラクターのスタンプが有効でしたが、この後、年齢が上がっていくにつれ、キャラクターのスタンプの魅力が軽減していくことも予想されます。それまでに、こうしたご褒美でなく、授業に参加する力をつけていかなければなりません。

（前川　圭一郎）

ABC分析

　行動は、環境との相互作用によって生じる。これを行動随伴性と呼ぶ（1 章、参照）。どんな随伴性が成立しているのか、ABC 分析において整理する。下図に示したように、行動に先行する事象、行動のきっかけのことを先行事象（Antecedent）という。行動の結果生じるあるいはなくなる事象のことを結果事象（Consequence）という。

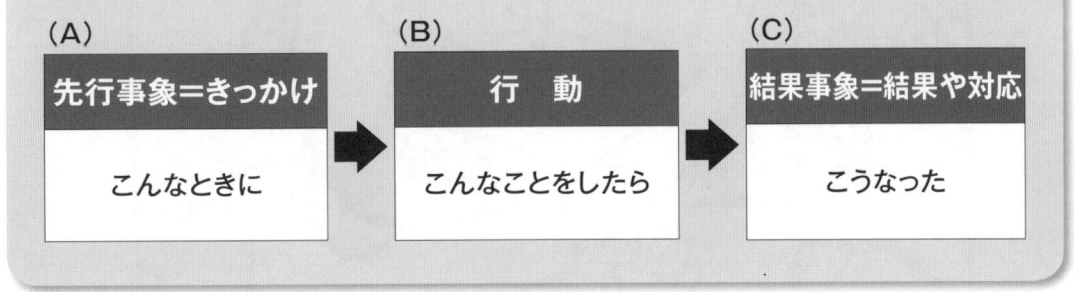

(A) 先行事象＝きっかけ	(B) 行　動	(C) 結果事象＝結果や対応
こんなときに	こんなことをしたら	こうなった

Case7
激しい他害行動、自傷行動が頻発するタロウくん

このCaseで用いるアセスメントを生かす支援の視点
1 好みを利用する
8 スモールステップ

1 Case 概要

　タロウくんは、特別支援学校中学部1年生の男の子です。診断は、知的障害を伴う自閉症です。行動問題が始まったのは、小学校の低学年にさかのぼります。当時、タロウくんは地域の小学校の特別支援学級に在籍していました。先生からの叱責や「○○はダメ」という否定的な言葉かけ、課題の呈示をきっかけとして、他害行動や自傷行動がありました。だんだんと行動の強度や頻度がエスカレートしていきました。きっかけについても、叱責や否定的な言葉かけ、課題の呈示以外にも拡大していました。中学部から特別支援学校に進学しましたが、状況は変わりませんでした。行動の型は、『手のひらで相手の顔

や体を叩く』『蹴る』『相手に向かって体当たりする』といった他害行動、『自分の頭を床や壁に叩きつける』自傷行動でした。その頻度は、学校の登校から下校までで50回程度でした。強度は、男性の教員でも叩かれるとよろめくほどであり、骨折をすることもありました。自傷行動はタンコブができるほど強いもので、タンコブの上からさらに自傷行動をするため後頭部は変形していました。他害行動や自傷行動が頻発していた状況でしたが、唯一保健室のベッドに横になっているときは、他害行動や自傷行動がみられませんでした。そこで、「タロウくんの落ち着く場所」と称して、担任の先生はタロウくんを保健室に滞在させることが度々あり、授業への参加時間も短くなっている状況でした。

2 アセスメント

　タロウくんが示す他害行動と自傷行動の生起状況と、行動の機能をアセスメントするために、教師に対するインタビュー（機能的アセスメントインタビュー；Functional Assessment Interview；FAI）と行動観察を行いました。

　行動のきっかけとして、他害行動は『活動や物の要求を拒否されたとき』が多く、次いで『課題や指示を呈示されたとき』『指示以外の言葉かけをされたとき』となりました。しかし、きっかけが見当たらない『特定不能』とされる行動が、全体の3分の1近くありました。自傷行動についても『課題や指示を呈示されたとき』や『活動や物の要求を拒否されたとき』がそれぞれ10％程度であり、『特定不能』とされる行動は3分の2程度でした。他害行動に対する教師の対応は、『身体的制止』『指導・叱責』がほとんどでした。他害行動が起きたときに制止をしたり叱責をすることで、さらに他害行動がエスカレートする場面が何度か観察されました。結局、呈示した課題を取り除いたり、タロウくんの要求したものを渡すなど、タロウくんの要求を満たしている場面も観察されました。自傷行動に対しては、「自傷行動を止めようとするとエスカレートするので、仕方なく無視している」とのことでした。他害行動、自傷行動ともにエスカレートしたときには、活動場面から引き離し保健室へ連れて行くという対応が行われていました。

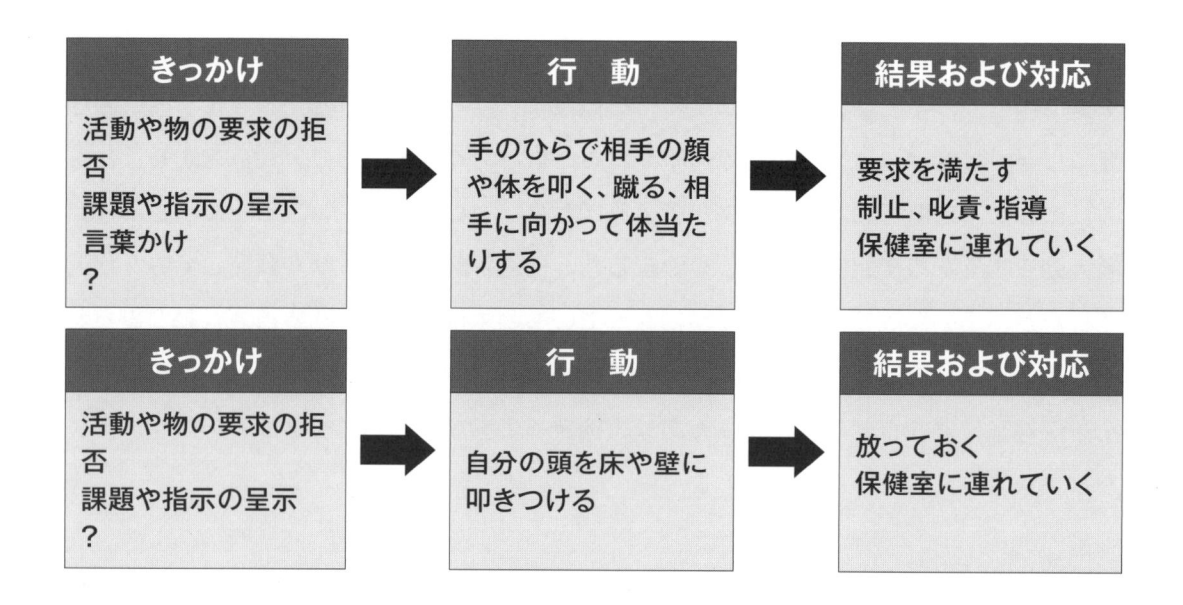

Case 7　激しい他害行動、自傷行動が頻発するタロウくん

きっかけ	行動	結果および対応
活動や物の要求の拒否 課題や指示の呈示 言葉かけ ？	手のひらで相手の顔や体を叩く、蹴る、相手に向かって体当たりする	要求を満たす 制止、叱責・指導 保健室に連れていく
活動や物の要求の拒否 課題や指示の呈示 ？	自分の頭を床や壁に叩きつける	放っておく 保健室に連れていく

3　アセスメントを受けて、タロウくんへの支援のポイント

　逃避を求める機能と物や活動を求める機能と等価でかつ社会的に許容される適切な行動を促す支援を行うことも考えられましたが、タロウくんのケースでは以下の理由で違う支援方針を立てました。タロウくんの他害行動、自傷行動とも先生からの直接的な働きかけがない場合でも、たとえば、失敗をしたり誰かに声をかけるといった先生のさまざまな行動に反応して起こっていました。適切な行動を教えようとして何かしらの働きかけをすると、他害行動や自傷行動を起こしました。さらに、行動の機能が特定できないものが多く、それに代わる適切な行動をみつけるのも難しい状況でした。そこで、学習に参加することを目標として、学習の場にいながら他害行動や自傷行動の頻度を低くする方向で支援を考えました。

4 タロウくんへの支援方法

　最初は、学校で個別に行われる学習場面を対象としました。目的を他害行動の減少と授業参加の促進として、低頻度行動分化強化（Differential Reinforcement of Lower rates of behavior；DRL）とトークンエコノミーシステムを用いました。低頻度分化強化とは、高頻度で生起していた行動が許容の範囲内であったときに強化するという、望ましくない行動を減少させる支援技法です。一方、トークンエコノミーシステムとは望ましい行動を増やすための支援技法です。望ましい行動に対してトークンと呼ばれるポイントを付与し、そのポイントが一定以上たまったらバックアップ強化子と呼ばれる、好きな活動や物と交換することができるものです。その時間の学習のスケジュールを書

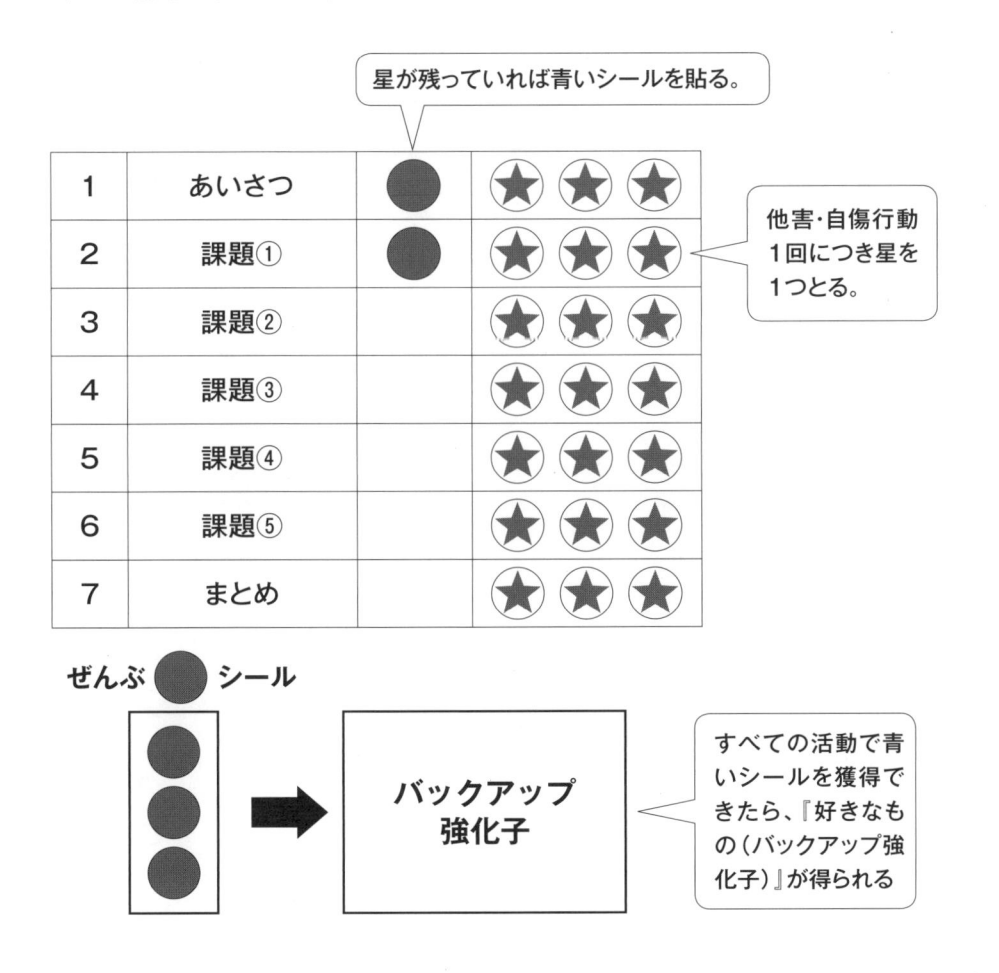

星が残っていれば青いシールを貼る。

1	あいさつ	●	★★★
2	課題①	●	★★★
3	課題②		★★★
4	課題③		★★★
5	課題④		★★★
6	課題⑤		★★★
7	まとめ		★★★

他害・自傷行動1回につき星を1つとる。

ぜんぶ ● シール

● → バックアップ強化子

すべての活動で青いシールを獲得できたら、『好きなもの（バックアップ強化子）』が得られる

| Case 7 | 激しい他害行動、自傷行動が頻発するタロウくん |

いた予定表を用意しました。1つひとつの活動名の右の欄に決められた枚数の星マークのシール（以下、星）が貼られていました。タロウくんの他害行動もしくは自傷行動が1回生起するたびに1枚の星を予定表からはがしました。それぞれの活動が終わったときに、行動問題の生起回数が星の枚数より少なく、かつ活動に参加していれば、トークンとして青いシールを渡し、活動名の横に貼ることとしました。個別の学習が終わったときに、すべての活動で青いシールを貼ることができたらバックアップ強化子としてタロウくんの好きな活動を行うこととしました。他害行動や自傷行動への直接的な対応としては、安全上必要な最低限の身体的制止などを行いながら、叱責や注意などはせずに星をとるだけにしました。

　個別の指導場面から適用場面を広げること、星の数をだんだんと減らすことで無理なく支援を拡大させることとしました。

5 タロウくんへの支援の効果と修正

　支援開始当初から効果が現れ、すぐにその頻度は減少しました。それまで、個別学習の時間には10回から20回程度生起していた他害行動と自傷行動が、2、3回程度になりました。支援開始後2か月後に初めて、個別学習の時間中には自傷行動も他害行動も起こらず、その後もほとんど生起することがなくなりました。

　トークンエコノミーシステムの表を出すとタロウくんは笑顔で覗き込んでいました。また、活動に参加することで、褒められる回数が増えました。支援開始前には、ほとんどなかったことでした。

　個別学習場面での支援開始後1か月後から、そのほかの場面にも支援を拡大させました。だんだんと適用場面を増やし、登校から下校まで行われました。1日をとおしても他害行動と自傷行動は5回未満の日が続きました。

6 タロウくんへの支援のまとめ

　行動の機能の特定が難しかったために、他害行動や自傷行動に対する直接的な代替行動の指導はせずに、DRL によって行動の頻度の低減を目指しました。すぐにその効果が現れ、他害行動と自傷行動は大幅に減少しました。

　また、支援しなかったことに対して、よい結果が生まれました。それまで、タロウくんの他害行動や自傷行動が起こらないように、教師が不自然なほど配慮するという関係が前向きなものへと変化していったのです。タロウくんの活動参加によって、教師の肯定的なかかわりが増えて、さらにタロウくんの活動参加が促されたのでしょう。まだ、叱責や急な予定変更などのときにはタロウくんの他害行動や自傷行動が生起しますが、通常の指示に対しては反応しないことが多くなりました。そのことによって、今まで経験したことのない新しい活動にも参加できるようになりました。物や活動の要求をするときにも、もともともっていた1語文によって伝えることが増えてきました。

　教師から当初「この方法はタロウくんには負担ではないだろうか」との意見が出されました。しかし、トークンエコノミーシステムの表を笑顔でみるなどして、タロウくん自身も楽しんでいる様子がうかがわれました。さらに、トークンエコノミーシステムの表をみることで予定が把握できたことが見通しを持って活動に参加できるのに役立ったのではないかと思います。

（加藤　慎吾）

Case8
強迫的な確認行動や攻撃行動のみられるミチオさん

このCaseで用いるアセスメントを生かす支援の視点
- **2** 行動問題の生じていない状況を利用する
- **4** 上手に褒める
- **5** 先手を打つ

1 Case 概要

　ミチオさんは、特別支援学校の高等部3年生です。診断は、知的障害を伴う自閉症です。発話は2語文を話すことができますが、言葉のレパートリーは少ないです。小さいころから現在に至るまで工作が好きで、ハサミを使った工作や折り紙が得意でした。音楽を聴いたり動物図鑑を見て過ごしたりすることも好きでした。

　そんなミチオさんですが、小学部のころから、過去に自分が怒られたことなどについてお母さんに対して「もう○○しません」と強迫的な確認をすることが目立ってきました。高等部1年になると、この「強迫的な確認行動」に加え、たたく・ける・つねるなどの

「攻撃行動」も生じるようになってきました。これに対して叱責されると、次の日もその怒られたことを思い出して、「もう怒りません?」と、さらに強迫的に確認をしてしまうという悪循環になっていました。学校では穏やかに過ごしており、行動問題は家庭でのみ生起していました。

2 アセスメント

　家庭での「強迫的な確認行動」と「攻撃行動」の出現と、それらの行動問題が出現する前の「きっかけ」と出現した後の「結果」に分けて記録をしました。その結果、過度な確認行動は週に平均3回出現し、そのうちの1.5回は攻撃行動へと移行していました。攻撃行動が出現する前には、必ず強迫的な確認行動を行っており、確認をくり返しているうちに、だんだんと興奮して表情が変わりお母さんに手をあげてしまっていました。
　確認行動と攻撃行動の対象はお母さんに限定されていました。強迫的な確認行動のきっかけとしては、何もすることがない状況で怒られたことを思い出してしまうことでした。強迫的な確認行動へのお母さんの対応は、初めのうちは承認を与えますが、何度も繰り返されると「そうだって言ってるでしょっ!」と厳しく返答し、叱責していました。叱責を受けるとミチオさんはお母さんに手を上げ、お母さんはさらに叱責し、お父さんが自室に閉じ込めるという対応を行っていました。さらに、翌日以降も何もすることがないときに自室に閉じ込められたことを思い出し、確認行動を行うという悪循環がみられました。

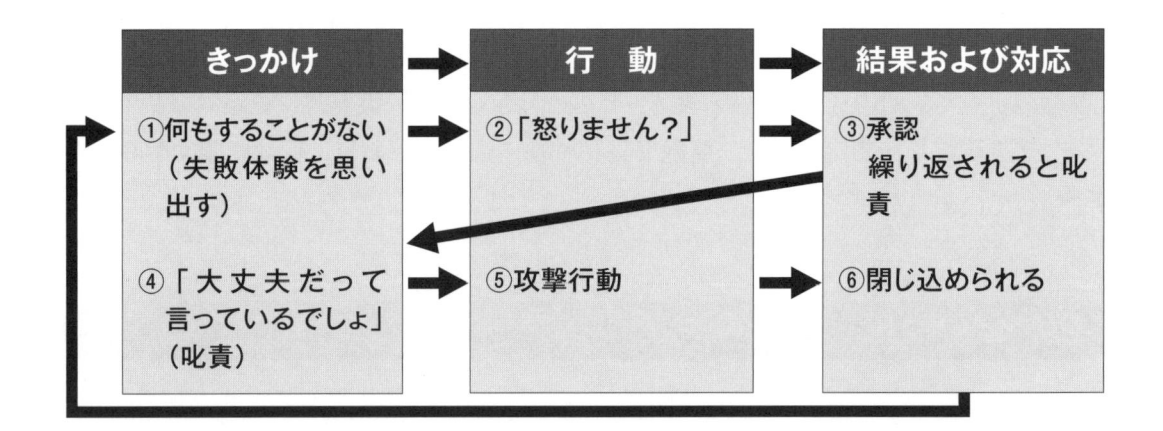

Case 8　強迫的な確認行動や攻撃行動のみられるミチオさん

きっかけ	行　動	結果および対応
①何もすることがない（失敗体験を思い出す）	②「怒りません?」	③承認　繰り返されると叱責
④「大丈夫だって言っているでしょ」（叱責）	⑤攻撃行動	⑥閉じ込められる

3　アセスメントを受けて、ミチオさんへの支援のポイント

　行動問題のなかでも、怪我の危険のある攻撃行動の回数の減少をまず優先事項として取り上げました。そのため、介入を2段階に分けました。介入①では、過度な確認行動から攻撃行動への連鎖を断ち切ることを目標としました。介入②では、強迫的な確認行動が起こるきっかけとなる何もすることがない状況を避けるため余暇活動の充実を図りました。

4　ミチオさんへの支援方法

・介入①

　母親に対しては「確認行動」に対しては叱責をやめ、その代わりに「わかったよ」という決まった台詞で常に対応してもらうようにしました。また、攻撃行動が生じやすい朝学校へ行く前の時間帯に「お母さんを叩かない」ことを約束し、それができたらシールをもらい、シールがたまると好きなものや活動と交換できるというトークンエコノミーシステムを導入しました。トークンがもらえる条件としては、行動問題の出現なしに学校へ行けたとき、および過度な確認行動が出現してもリラクセーションを行ったり、自室でクールダウンして落ち着けたりしたときとしました。

・介入②

　攻撃行動が出現しなくなったため、続いて過度な確認行動の回数の減少を目標として介入を行いました。過度な確認行動は、朝の準備が終わって一息ついた暇な時間や夜に多く生起することがわかりました。何もすることがない状況で、過去の怒られた体験を思い出し、お母さんへ強迫的に確認を行うという悪循環の仮説にもとづき、過去の怒られた体験を思い出しやすくなる"何もすることがない"状況をなくすことにしました。

　暇な状況に対してその反対となる行動（拮抗行動）として、余暇活動を充実させることにしました。

　具体的には、朝学校へ行く準備が終わった後、および学校から帰宅後の夕食までの時間帯に、自室でCDを聴いたり、雑誌を読んだりなどミチオさんが落ち着いて集中できる余暇活動を促してもらいました。

5 ミチオさんへの支援の効果

・介入①

　お母さんははじめ、行動問題の出現なしに学校へ行けたときにポイントをあげることを忘れており、クールダウンして落ち着けたときだけポイントをあげてしまっていました。また、ポイントを10個ためるとバックアップ強化子と交換できるシステムにしていたため、ミチオくんはトークンエコノミーシステムを理解できなかったようでした。

　そのため、トークンエコノミーシステムを導入した初めの2週間は、導入する前と行動問題の生起回数に変化はありませんでした。

　その後お母さんにトークンを5ポイント制に変更してもらい、条件に沿ってポイントをあげることを徹底しました。また、ポイントをあげるタイミングでお母さんからミチオさんに「すごいね」「いい子だね」と褒める言葉かけを同時に行ってもらいました。するとまもなく攻撃行動は出現しなくなりました。一方で、過度な確認行動は維持されていました。

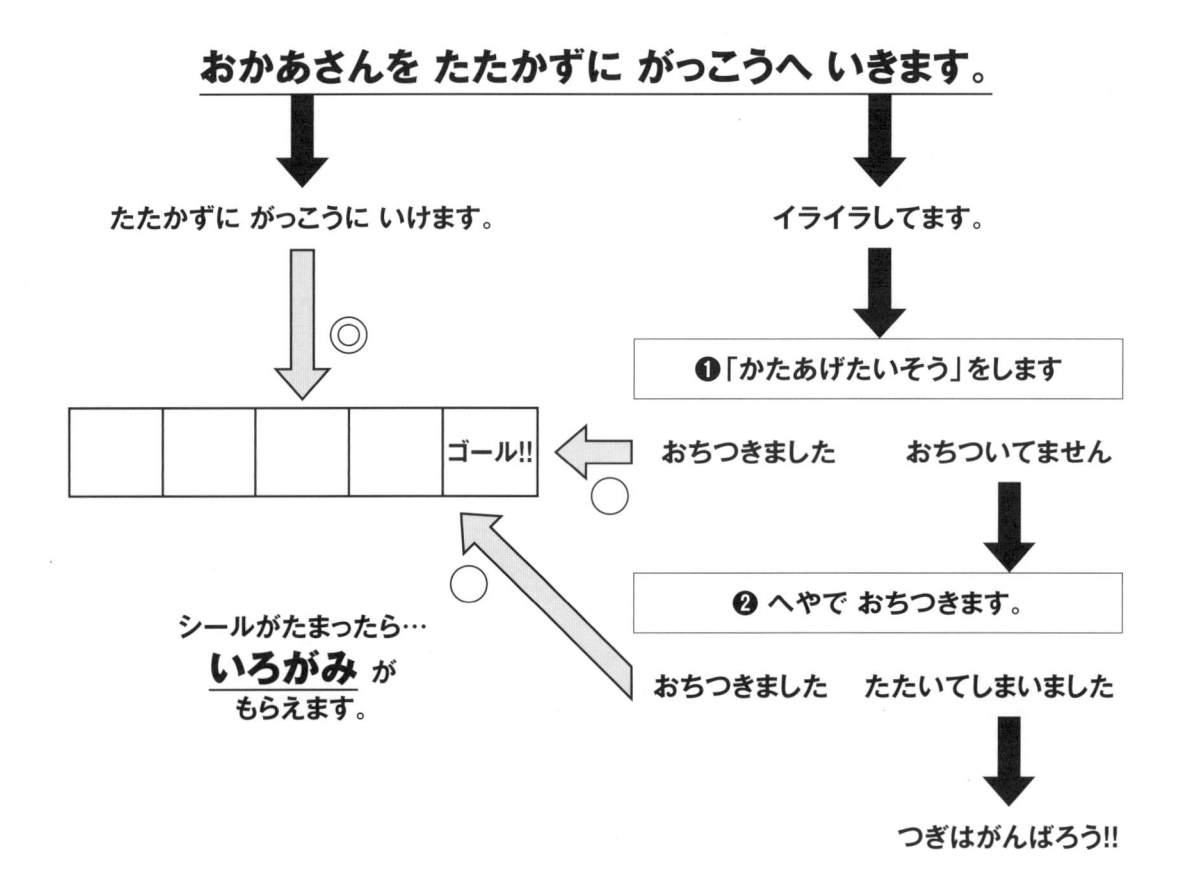

Case 8　強迫的な確認行動や攻撃行動のみられるミチオさん

おかあさんを たたかずに がっこうへ いきます。

たたかずに がっこうに いけます。　　　　イライラしてます。

❶「かたあげたいそう」をします

おちつきました　　おちついてません

❷ へやで おちつきます。

おちつきました　　たたいてしまいました

つぎはがんばろう!!

ゴール!!

シールがたまったら…
いろがみ が
もらえます。

・介入②

　介入①では、攻撃行動は減少したものの、強迫的な確認行動は維持したままでした。強迫的な確認行動が起こりやすい時間帯に余暇支援を行ってもらった結果、過度な確認行動も徐々に少なくなっていきました。

❻ ミチオさんへの支援のまとめ

　これまでミチオさんはお母さんに手をあげると、お母さんからの叱責に加え、お父さんが自室に閉じ込めるといった罰的な手立てをとられていました。このケースではそのような罰的な対応をやめていただくとともに、行動問題以外の行動を強化する DRO

（Differential Reinforcement of Other Behavior）とトークンエコノミーシステムを導入しました。トークンをためてご褒美と交換できることに加え、お母さんからの賞賛により、"叩かずに学校へ行く"という適応行動が増えました。

　行動問題が生起しないことを褒めることは難しいことだと思います。このケースでは母親に"朝学校へ行く前にお母さんを叩かない"という約束のもとトークンエコノミーシステムを導入してもらいました。母親にとっては、この手続きどおりにシールをあげるということが、行動問題が起こらないときに褒めるという新しい対応を実行する手がかりとなっていたと考えられます。

　また、介入②では、行動問題が起こりやすい時間帯にミチオさんが落ち着く活動をするという方法に変えたことにより、強迫的な確認行動は減少しました。強迫的な確認行動が生起してしまった後では、それらの余暇活動に取り組むことは困難でしたが、お母さんがミチオさんの朝の準備が終わったのを見計らって促したり、手もちぶさたになる直前に促してもらったりすることで活動への切り替えもスムーズに行うことができるようになりました。また、それをくり返すことで学校へ行く準備が終わったあとおよび学校から帰宅後から夕食までの時間は、自発的に自室で好きな活動をするということが習慣として定着していきました。このように連鎖化した行動問題の対応については段階的な介入も考慮に入れるとよいでしょう。

（濱田　美央）

Case9
授業中の離席や友だちとのトラブルが頻繁にみられるヒロトくん

このCaseで用いるアセスメントを生かす支援の視点
2 行動問題の生じていない状況を利用する
5 先手を打つ

1 Case 概要

　ヒロトくんは小学校通常学級に在籍している１年生の男の子です。小学校に入学以来、授業中は落ち着きがなく、離席や友だちとのトラブルが頻繁にみられました。集会時には運動場の砂を投げたり、友だちをたたいたりと周りの子を困らせ、これらの不適切な行動に学級担任の先生は困っていました。先生は周囲の子に何かちょっかいを出したか尋ねましたが、ヒロトくんに対して何もしていないとの返答で、どうしてそのような行動をするのか理解ができずにいました。また、そうじの時間は手伝いに来てくれる６年生の上級生にちょっかいを出して注意を受けるのですが、ヒロトくんはその上級生と追

いかけっこをしたり、上級生に抱っこされたりしている状況でした。

　学級担任の先生は、学年会でヒロトくんへの対応について話し合いました。トラブルがあったときには理由を聞いてヒロトくんに指導したり、保護者からも注意してもらいましたが、これらの行動は減りませんでした。

2 アセスメント

　相談支援を受けた特別支援学校のコーディネーターが、ヒロトくんの実態を把握するために授業を参観しました。すると、ヒロトくんは、先生が机間巡視しているとき、課題ができると大きな声で「先生、できました」とアピールし、離席して怪獣のまねをしながら教室内を歩き回っていました。また、全校集会では、先生の話が長くなると、周りにいる子を叩いたり、砂をかけたりしました。

　一方、学級担任の先生との懇談のなかで次のような話を伺いました。何かをさせたいときに、どのようにしたらよいかアドバイスしてから、行うかどうかをヒロトくんに選択させると、ヒロトくんはやってみると答えていました。また、歯科検診では、先生が隣で相手をしましたが、そのときは自分の順番を落ち着いて待っていることができていました。

　ヒロトくんはこのようにトラブルを起こすこともありましたが、トラブルを起こさずに活動に参加できていることもありました。そこで、ヒロトくんの行動を不適応状況と適応状況に分けて、下表のように整理しました。

Case 9　授業中の離席や友だちとのトラブルが頻繁にみられるヒロトくん

①不適応状況

きっかけ	行　動	結果および対応
・全校集会で話が続くとき ・学習課題を終えてしまったときや説明が続くとき ・先生がクラス全体に話をしているとき	・周りの子をたたいたり、砂をかけたりする ・離席して、教室内をウロウロする ・えんぴつや消しゴムをさわって遊ぶ	・騒然となって、先生が対応する ・クラスメートや先生から注意される ・先生に注意される

②適応状況

きっかけ	行　動	結果および対応
・先生が側にいて、指示したり対応しているとき ・先生がこうするとうまくできると教え、どうするか選択させるとき	・静かに落ち着いて待つ ・やってみると言ってやろうとする	・先生と一緒 ・先生から褒められる ・先生から褒められる ・日直から終わりの会で「頑張った人」と紹介される

3 アセスメントを受けて、ヒロトくんへの支援のポイント

　不適応状況と適応状況を整理すると、ヒロトくんが不適切な行動を起こすと結果的にクラスメートや先生とのかかわりや注目が得られていることがわかりました。一方、先生のかかわりや注目が得られているときには不適切な行動が起きていませんでした。したがって、ヒロトくんに対してクラスメートや先生からのかかわりや注目が得られている状況を意図的に取り入れることで行動問題が減ると考えました。

　しかしながら、クラスには他にも気になる児童がいて、ヒロトくんばかりにかかわっていることができません。先生が側にいてかかわっていなくても、かかわりや注目の機能が働いている状況をつくる必要がありました。

　また、先生はヒロトくんの不適応な行動が減ることに加えて、クラスのなかでヒロト

くんが頑張っていることをクラスメートから認められることも願っていました。

4 ヒロトくんへの支援方法

　全校集会のように事前にトラブルが予想されるときには、その途中でヒロトくんの側で声をかけることにしました。また、授業中クラス全体に話をするときには、ヒロトくんの名前を呼んで注意喚起し、注目していることを伝えました。

　毎朝、先生がヒロトくんと当日の目当てを具体的に話し合ってつくりました。最初はヒロトくんの意見をそのまま目当てとしました。しかし、達成できない内容もあったために、ヒロトくんが頑張りたいことを尊重しつつ、達成できそうな目当てを話し合って決め、ヒロトくんが連絡帳に書きました。その評価を先生とヒロトくんとで行い、できたら連絡帳にシールを渡してスキンシップもしました。

　授業中、先生のかかわりやクラスメートの注目が得られ、離席しても認められるように、プリント配布や挿絵の黒板掲示など、先生の手伝いをしました。

5 ヒロトくんへの支援の効果

　全校集会では砂を投げたり、周囲の子をたたいたりすることはなくなり、友だちとのトラブルはなくなりました。9月には運動会の練習のため、運動場に待機したりする機会が増えてトラブルを心配しましたが、砂を投げることは1回のみでした。担任の先生が児童の前で説明しなければならないときには、隣のクラスの先生が声をかけたりして、トラブルを回避できました。

　また、授業中に離席することもなくなりました。学習したプリントを先生に見せに来た後、自分の席に戻るときに、わざわざ大回りして戻ることはありますが、教室内をウロウロと歩き回ることはなくなりました。

　これらのことにより、クラスメートによるヒロトくんに対する見方も変化してきました。これまで乱暴な子と思われていましたが、帰りの会でヒロトくんの頑張りを日直当

Case 9　授業中の離席や友だちとのトラブルが頻繁にみられるヒロトくん

番の児童が話してくれ、そのことがヒロトくんもうれしかったようです。

6 ヒロトくんへの支援のまとめ

　今回の支援においては、アセスメントの結果から、ヒロトくんの授業中の逸脱や友だちとのトラブルは周囲の注目を得る機能を果たしていることがわかりました。一方、ヒロトくんは先生のかかわりがある状況では、課題に取り組むことができました。そこで、かかわりを先に与えたり、目当てや課題の進め方を相談したり、役割をつくることによって、それらの行動は減ってきました。ヒロトくんの不適応状況だけでなく、適応状況を生かした支援が役に立ったようです。ただし、休み時間や先生が休みのときには、行動問題がみられますので、先生がいないときの対応が今後の課題となっています。

　ヒロトくんのクラスメートとのかかわりにも変化がみられました。これまで、砂を投げたり、人をたたいたりして、自分の思いを遂げてきましたが、言葉で自分の思いを伝える場面が増えてきました。しかしながら、休み時間にヒロトくんが友だちに「どいて」と言ったときに、その友だちはどいてくれなかったので、ヒロトくんはその友だちをたたいてしまい、トラブルになってしまいました。現在は、言葉で自分の思いを伝えたときに、相手が理解してそのようにしてくれなかったときにどうしたらよいかを学んでいます。

　支援を実行するにあたり、学級にはほかにも気になる児童が在籍しています。先生はヒロトくんばかりに支援が集中すると、ほかの児童への支援がおろそかになってしまうのではないかと心配していました。しかし、支援をスタートする前はヒロトくんの行動問題に振り回されていましたが、支援後、行動問題が減少することで、以前よりも増してヒロトくん以外の気になる児童に対応できるようになりました。ヒロトくんへの支援が、クラス全体への支援につながっていったようです。

（澤田　秀俊）

分化強化

　分化強化とは、減らしたい行動を消去し、増やした行動を強化することによって、行動の置き換えを図る手続きである。分化強化には、①低頻度行動分化強化、②他行動分化強化、③対立行動分化強化、④代替行動分化強化（機能的コミュニケーション訓練）などがある。

①低頻度行動分化強化（Differential Reinforcement of Lower rates of Behavior=DRL）
　一定の時間内に減らしていきたい行動の数が、あらかじめ決められた限度より少ないときに強化する方法を低頻度行動分化強化という。たとえば、授業中立ち歩いてしまう子どもに対して、1日をとおして3回以内の立ち歩きで収まったら、翌日の給食で好きなものをおかわりができることにするといった場合である。

②他行動分化強化（Differential Reinforcement of Other Behavior=DRO）
　低頻度行動分化強化では、徐々に行動の出現率を低下させていくが、他行動分化強化では、一定の時間内に減らしたい行動が全くみられなかったときにのみ強化が行われる。先の授業中に立ち歩いてしまう子どもが、1日に1回も授業中の立ち歩きがなかったときに、翌日の給食がおかわりできるようにするといった場合である。

③対立行動分化強化（Differential Reinforcement of Incompartible Behavior=DRI）
　減らしていきたい行動と形態的に対立する、同時に生起することが不可能な行動を強化する手続きを対立行動分化強化という。授業中に立ち歩いてしまう行動と形態的に対立する行動である着席行動がみられたときに、先生が「座って授業を受けられて、えらいね」と褒めるといった場合である。

Case10
母親にしつこくつきまとうケンイチくん

このCaseで用いるアセスメントを生かす支援の視点
3 選択機会を入れる

1 Case 概要

　ケンイチくんは特別支援学校の中学部3年の男の子です。知的障害を伴う自閉症の診断を受けています。兄弟はおらず、父母と3人暮らしです。人とかかわることが好きで、周囲の大人によく話しかけるのですが、相手や自分のおかれた状況を考えずに一方的に話しかけます。「○○線の電車の色は青だよね」「明日は学校に行こうね」などと何度も同じ言葉を繰り返します。相手が聞こえていなかったかのように振る舞うと、「ねぇ、そうだよねぇ？」としつこく尋ねてきます。

　ケンイチくんが通う学校でも、先生に対してしつこく話しかけることが多かったので

すが、学年の先生たちの間で話し合いがもたれ、そのようなかかわりに答えてあげる時間帯（休み時間、給食の時間）と、答えずに聞き流して注意する時間帯（授業中など）を決めて対応するようにしています。この対応によって、学校では少しずつ改善されてきました。

しかし、家庭ではほとんど改善されておらず、父が仕事で留守にしている間は母につきまとって、「ねぇ、〜だよねぇ」と何度も尋ねてきます。母が「今はご飯の支度をしているから後にしてね」と伝えても、ケンイチくんはおかまいなしです。10分に1回ほどの頻度で、母に近寄ってきては何度も質問をしてくるので、母も「そうだねー」と軽く受け流そうとするのですが、その返事に納得がいかないと同じことを繰り返し尋ねてきます。あまりにしつこいため、母はケンイチくんの相手をすることに疲れきってしまいます。

2 アセスメント

ケンイチくんのケースのように、行動問題が家庭内で起こっている場合、教職員や専門家が出向いて直接観察を行うことが難しい場合があります。そのようなときは、「機能的アセスメントインタビュー」を行うことによって、行動問題に影響している出来事についての情報を収集することができます。これを行うためには、まず保護者の了解を得て30〜60分のインタビューに答えてもらうことが必要です。

ケンイチくんの場合、インタビューのなかで特に注目した質問項目は、行動問題の結果事象に関連した項目と、下校してから夜寝るまでの間で、行動問題が生起しやすい時間帯を明らかにするための項目でした。また、今回のインタビューのなかには、これまでに母が試したことのある対応の仕方と、その対応の効果について尋ねる項目も含みました。これらの情報は、行動問題の機能を明らかにし、それに合った支援計画を立案する際の重要な手がかりとなります。

Case 10　母親にしつこくつきまとうケンイチくん

3 アセスメントを受けて、ケンイチくんへの支援のポイント

機能的アセスメントインタビューの結果は以下のとおりでした。

まず、ケンイチくんが母に接近して話しかけると、ほぼ確実に母親が何らかの返事をしていることが明らかになりました。また、ケンイチくんがお菓子などを要求したときに、母がその要求に応じることは少ないということがわかりました。

きっかけ	行　動	結果および対応
・活動なし ・母の存在	母に接近して話しかける	・活動あり ・母からの返事

次に、行動問題が起こりやすい時間帯に関する項目からは、やるべきことが決まっていない自由な時間帯に行動問題が頻発していることが明らかになりました。ケンイチくんが行動問題をほとんど示さない時間帯は、好きなアニメをみているとき、自分の部屋でヒラヒラ動くリボンを振ってそれを眺めているとき、風呂に入っているとき、布団に入って眠りにつくまでの間であることがわかりました。

最後に、これまでの母の対応法とその効果に関する質問のなかで、母は「ケンイチの話を無視したり叱責することにほとんど効果はありません。それらの対応ではケンイチくんが余計に興奮するようです」と答えました。また、母はしっかりと応えるべき話と無視すべき話との区別ができず、無視し続けることは難しいとも答えました。

機能的アセスメントインタビューで得られた情報をもとに、ケンイチくんのつきまといや話しかける行動の機能について、仮説をたてました。まず、この行動は母親に対して起きており、「やることが何もない」状況で多くみられるということがわかりました。また、そういった状況下でその行動を行った結果、「母からの返事」があります。これらのことからつきまといや何度も話しかける行動の機能は、母親からの注目を求める「注目要求」か、あるいは母親とのかかわりそれ自体を求める「活動の獲得」の可能性が高いということがわかりました。お菓子などの要求には応じていなかったことや、何らか

の活動に従事しているときは頻度が少ないことを考えると、「物の要求」や「活動からの逃避」等の機能で維持されている可能性は低いといえます。母がこれまでに行ってきた対応法とその効果に関する回答から、注目要求の機能に対応したアプローチ（つきまといや話しかけの計画的な無視）は効果が低いばかりか、母親自身が実施することが難しいということも確認されました。

　以上のことを踏まえて、具体的支援を考える際のポイントは、何もやることがない時間をできるだけ短くすること、つまり、家庭での自由な時間の過ごし方に、新しい活動を増やせないか考えることでした。この方法を行うことには、ケンイチくんの家庭内にある活動資源の見直しといった、もう1つの重要な意義もありました。ケンイチくんの部屋には、小さいころに使っていた絵本や玩具が置いてありましたが、それらはもはやケンイチくんの興味の対象とはなっておらず、それらを使って遊ぶことはほとんどない状態でした。アニメやリボンの感覚遊びなどのような、ケンイチくんが現在楽しく取りかかれる活動の選択肢を拡げられるような支援という点でも、家庭内環境の見直しは重要であると考えられます。

4 ケンイチくんへの支援方法

　アセスメント結果を受けて、ケンイチくんが家庭でも楽しめる活動探しを行いました。普段から、鼻歌でアニメのテーマソングを歌う様子がみられたことと、機械の操作が得意だったので、まずは家庭内にCD再生機とヘッドホンが置かれたCD視聴コーナーを設置することにしました。再生機の操作を自分で行えるように、再生ボタンに青いシールを貼るなどして使いやすくしました。そのうえで、CD再生機の操作手順を1つずつ教えていく全課題呈示法をとりました。ケンイチくんは1週間足らずでCDのセットから再生・停止までを1人でできるようになりました。この頃には、自分からCD視聴コーナーへ行き、好きなCDを聞く姿がみられるようになりました。そこで今度は、CDジャケットがみえる形で並べて置けるようなCDの陳列棚をつくって、視聴可能なCDの種類を増やしました。音楽のジャンルは、アニメの主題歌のみではなく、流行のJ-POP、ジャ

79

Case 10　母親にしつこくつきまとうケンイチくん

ズ、クラシックなど、さまざまなものを用意しました。ケンイチくんは、もちろん一番好きなCDをセットして聞くことが多いのですが、ときどきほかのCDをセットして聞き入っている様子がみられました。数週間後には、新しく加えられたCDの曲を鼻歌で歌う様子がみられるようになりました。

きっかけ	行　動	結果および対応
・活動なし ・母の存在 ・CD視聴コーナー	CD視聴コーナーに行き、CD視聴	・活動あり ・好きな音楽

5　ケンイチくんへの支援の効果

　ケンイチくんの生活のなかにCDを聴いて楽しむ時間が増えると、母親へのつきまといも少なくなりました。おかげで、家事に集中できる時間も増えたようです。母親は、ケンイチくんの話を無視したり叱ったりせずに、行動問題が軽減したことを嬉しく感じています。これからもケンイチくんが楽しく取り組める余暇活動を拡げていくことや、CD視聴コーナーの音楽のジャンルを充実させながら、子どもといっしょに楽しい生活を送っていければと思っているそうです。

6　ケンイチくんへの支援のまとめ

　ケンイチくんのケースは家庭内での問題であったため、まずは母親の協力を得て、機能的アセスメントインタビューを実施しました。それをとおして、行動問題が起こるきっかけや結果事象と、行動問題の機能についての仮説を立てて支援計画を立案し、実施しました。

　ケンイチくんのケースでは、行動問題の機能は「注目要求」と「活動の獲得」の2種類が考えられましたが、母親のこれまでの対応の仕方を尋ねたところ、「注目要求」の機

能に対応したアプローチは効果が感じられず、実践が難しいということでした。おそらく、普段の生活のなかで、ケンイチくんから話しかけられたときに無視できないことがあるといった現実的な問題があり、少なくとも10回に1回はつきまといに対する返事（強化子）をしていたため、行動問題の軽減にはつながらなかったのだと予想されます。

　活動のレパートリーが制限されている環境において行動問題が起きやすい場合、新しい活動レパートリーを提供することで行動問題が軽減することがあります。機能的アセスメントの結果や、対象児者の過ごし方を観察し、さらにその人の生活環境にアクセス可能な興味の高い活動が存在しているかを確認することで、具体的な支援方法の立案へとつながることがあります。

（原田　晋吾）

機能的コミュニケーション訓練

　機能的コミュニケーション訓練は、1985年にDurandとCarrによって提唱された方法である。行動問題の機能に注目し、その行動と同じ機能を果たし、かつ社会的に認められるコミュニケーション手段に置き換えていく方法である。

　行動問題に対してこれまで行っていた結果操作を行わず、適切なコミュニケーション行動に対して強化をするといった分化強化手続きである。適切なコミュニケーション行動の生起を促すために、プロンプトを呈示したり、環境操作を行う。こうした操作によって、このコミュニケーション行動の出現が安定すると、それまで果たしていた行動問題の機能が無効となるため、2つの行動の置き換えが可能となる。

Case11
いたたまれずに家出をしてしまうユウくん

このCaseで用いるアセスメントを生かす支援の視点
3 選択機会を入れる

1 Case概要

　知的障害の診断を受けているユウくんは、特別支援学校中学部2年生です。学校では、休み時間や授業において他生徒や教員に対して働きかけるなど、自分からかかわりをもとうとする様子がみられました。学習面について、身近な漢字の読み書きや簡単な文章表現などの国語に比べて、繰り上がり・繰り下がりや2桁以上の加減算や時計の読み取りを行う数学を苦手としていました。

　ユウくんは、両親と姉の4人家族で生活していました。父親は、福祉施設で働いており、生活時間の違いから、ユウくんと接するのは主に休日でした。姉は、大学に通っていま

したが、学業の傍らアルバイトをしていたため、ユウくんと接するのは週に2、3日でした。家庭でユウくんと過ごす時間が長いのは母親であり、話し相手になることも多くありました。

5月に行われた特別支援学校の教員との個別面談のときに、母親から気になることが相談されました。1点目は、家族とのかかわりに関する内容で、父親や姉からの叱責や注意に対して肩を落とす、表情が暗くなるなどの落ち込む様子がみられた後、書き置きをして家出をしてしまうということでした。2点目は、虫歯やにきびなどの身体にかかわることを心配し、虫歯があると診断された際には、眠れなくなって何度も目覚めてしまい、その度に歯磨きをして、しかも1回の歯磨きに多量のペーストを使ってしまうなどの様子がみられるということでした。にきびの場合は、たいてい入浴時にみつけると洗顔料を多量に使って、顔が赤くなるほど洗顔をしてしまうようです。前者の家出については月に2～3回、後者についてはムラがありますが、ひどいときは1日に何度もみられるようでした。

2 アセスメント

それぞれの行動が生起する状況について、さらに詳しく情報を聞き取りました。1点目の家出に関しては、父親や姉に叱責されることに関係しているようでした。父親からは、食事の時間に、食べ方（姿勢、食器の持ち方、三角食べなど）やペースについて、姉からは、宿題をみてもらったときに、誤答に対して叱責を受けることが多いとのことでした。2点目について、入浴時の洗顔料や歯磨き時のペーストなどを1日で全部を使い切ってしまうほどということでした。こうした場合に最終的に家族から叱責を受けるため、母親が入浴や歯磨きの様子を見に行って言葉かけしているということでした。

一方で、当のユウくん自身は、父親と姉との関係について、「時々しか会わないのに僕は怒られてばかり」という発言を母親に漏らしているということでした。

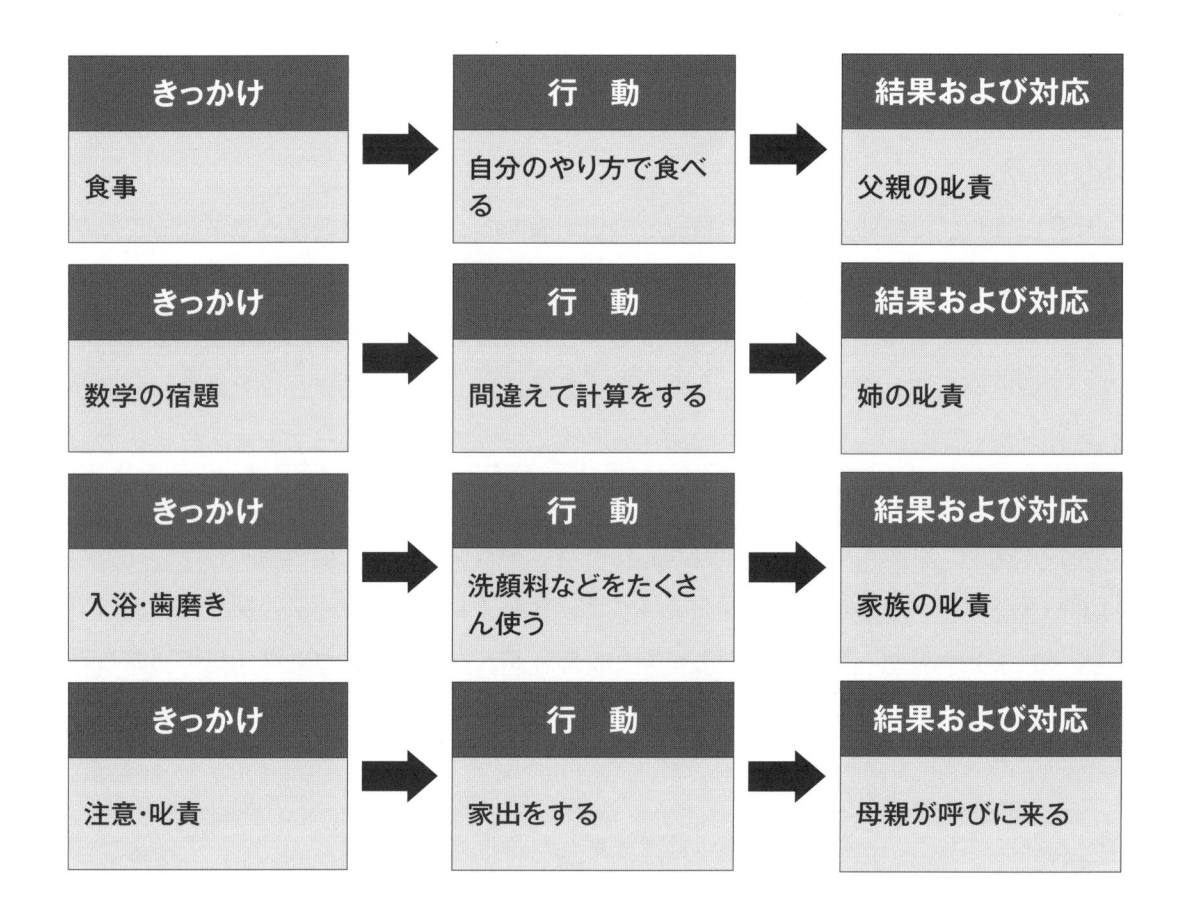

Case 11　いたたまれずに家出をしてしまうユウくん

きっかけ	行　動	結果および対応
食事	自分のやり方で食べる	父親の叱責
数学の宿題	間違えて計算をする	姉の叱責
入浴・歯磨き	洗顔料などをたくさん使う	家族の叱責
注意・叱責	家出をする	母親が呼びに来る

3 アセスメントを受けて、ユウくんへの支援のポイント

　アセスメントの結果より、家出は嫌悪的な事態から逃避をするために、または母親の注目を得るために行っているのではないかと考えられました。家族からの叱責を受けなければ、最終的に家出をすることが減ることが予想されました。その点について母親も同様に考えており、父親や姉に伝えているとのことでした。

　しかし、福祉施設に勤めている父親は、「自分で食事もできないほどに障害の重い人たちがいるのだから、自分で食事のできるユウくんにはマナーを守って食べられるようになってほしい」という思いから、結果的に指導（叱責）することになっているという答えが返ってきました。同じように、受験を乗り越えてきた姉も、努力するような姿勢や

気持ちをもってほしいという思いがあるようでした。そのため、両人の行動を変えてもらうのではなく、違う視点から行動支援をしていく必要がありました。

4 ユウくんへの支援方法

　そこで、ユウくんの「適応的な行動」を促進することを介入の方針としました。つまり、父や姉からユウくんに求められている行動を増やすことで、家族からの賞賛を受ける機会を増やすことを目標としました。まず、食事の食べ方については、食事時の姿勢、食器の持ち方、三角食べ、頬張り食べ、会話、およびペース（ユウくんは食べるのが非常に遅かった）に関するマナー表を作成し、ユウくんが食事中にいつでも参照できるよう、いつも座る席のすぐ近くの壁に貼ることとしました。加えて、マナー表にもとづき、学校でも給食の時間に並行して指導を行いました。数学の計算については、宿題を課さないことも1つの手立てでしたが、本人が将来的にも活用できるように計算機を導入しました。計算に対して苦手意識をもっているユウくんも、こうした道具を使うと意欲的に取り組むことができるのではないかと考えられました。計算機の使い方については、学校の授業で指導をしました。最後に、洗顔料や歯磨きペーストの使用については、浴室にラミネートフィルムでつくった計量ツール、洗面所に歯磨きの回数をチェックできる表形式の記録ツールを用意しました。それぞれ、計量ツールの範囲内、記録ツールの枠内（1日当たり3食の食事とおやつの後の4回）の洗顔や歯磨きだけ行うように伝えました。また、学校においては、給食後の歯磨きの指導で記録ツールの使用を指導し、加えて洗顔や歯磨きをし過ぎた場合の影響について、養護教諭や歯科衛生士に教えてもらう機会を設けました。

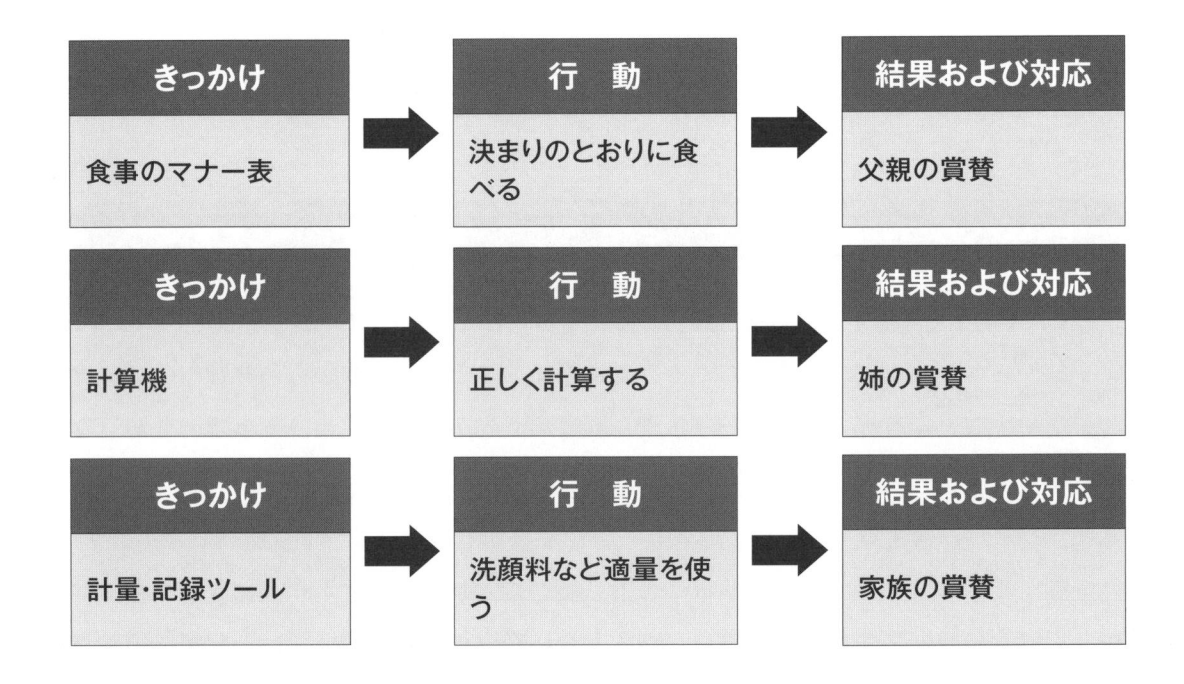

Case 11　いたたまれずに家出をしてしまうユウくん

きっかけ	→	行　動	→	結果および対応
食事のマナー表		決まりのとおりに食べる		父親の賞賛
計算機		正しく計算する		姉の賞賛
計量・記録ツール		洗顔料など適量を使う		家族の賞賛

5　ユウくんへの支援の効果

　学校で行った食事指導では、マナー表で確認しながらそれぞれの行動ができているか否かについてフィードバックをしたところ、2か月もすると食器の持ち方、三角食べ、頬張り食べに改善がみられました。姿勢については時々崩れてしまうこともありますが、指導を行う前よりはそれも少なくなりました。食事の時間については、あらかじめ終了時刻を伝えておくことで、自分でペースを調整しながら食べ進めることができるようになりました。計算機の使用に関しては、始めてから1週間もすると、ユウくんは操作を理解したようで、独力で使用し、正答を導く様子がみられました。計算プリントに対して意欲的に取り組む様子がみられ、「できました」と積極的に採点を要請する姿勢が見受けられたたり、プリントを仕上げる時間が日に日に短縮するようになりました。学校での歯磨き指導では、歯科衛生士に教えてもらったように、ペーストを歯ブラシの上にわずかに乗せること、記録ツールにチェックすることを繰り返し行い、ユウくんも習慣的に行えるようになりました。

家庭でも、食事、宿題、入浴・歯磨きの場面でこれらの行動が増加していったということでした。その結果、父親や姉からの叱責が減り、本人に対して賞賛をするやりとりが増えたことが、母親から報告されました。ユウくんが自分からお願いをして、父親と2人で映画や食事に出かけるようになったことや、姉がユウくんの大好きなアニメのグッズや洗顔料をプレゼントすることもあったそうです。母親と話すなかで、最近家出をしていないことに気がつくというほどでした。

6 ユウくんへの支援のまとめ

　ユウくんの家族は、みんながユウくんのことを思っている素敵な家族なのだろうなと感じます。だからこそ、ユウくんに求める目標が高くなってしまい、結果的にユウくんにとって好ましくない叱責という形で表れてしまったのだと思います。叱責を受けたユウくんが家出をしてしまうという悪循環を断つことが第一でしたが、このケースでは、支援者の対応を変えるのは難しかったため、ユウくんの行動を変えることにしました。
　大きな工夫点は、ユウくん本人にとっても家族にとっても分かりやすいように物理的環境を整え、支援の見える化を行ったことです。食事時のマナー表や、洗顔料とペーストの計量・記録ツールは、本人と家族の双方が確認をする際の共通の手立てとして働いたのではないかと考えられました。関連して、苦手とする計算を補助するために計算機を導入したことも、ユウくんの望ましい行動を補助することになったと考えられました。導入前には、取り組むものの叱責を受けたり、バツ印を与えられる数学の計算問題は、ユウくんにとって嫌悪的な課題となっていた可能性が高いことが推定されました。計算機を用いて取り組むことにより、ユウくんは賞賛されたり、マル印をもらえるようになりました。何より、本人が自信をもって課題に取り組むことができるようになり、自分から採点を求めたり、次のプリントに取り組むようになったりする様子がみられたことが大きな成果でした。

(末永　統)

Case 12
日常のあらゆることに対して、手伝いを求め続けるカナメくん

このCaseで用いるアセスメントを生かす支援の視点
3 選択機会を入れる

1 Case 概要

　カナメくんは、特別支援学校の小学部６年生の男の子です。診断は、知的障害と自閉症です。無発語ですが、発声や指さし、ジェスチャーで意思を伝えることができます。また、他者に対する要求は主にクレーン行動で伝えていました。小学４年生のころから、それまで自分でできていたことに対して、周りの大人に手伝いを求める行動が始まりました。その対象がだんだんと拡大していき、"ドアを開ける""リュックサックのファスナーを開ける""靴を履く"といったような、日常のあらゆる行動に対して援助を求めてくるようになりました。周りの大人がカナメくん自身にやらせようとしても、指でバツ印をつくり、再び手伝いの要求を繰り返します。それでも大人が援助しないときには、相手に

爪を立てて引っ掻いたり、嚙みついたりすることがありました。

そのため、周りの大人は常にカナメくんのそばにいて、要求されるままに行動の手伝いをしなくてはなりませんでした。

2 アセスメント

支援は大学の臨床場面において行われました。カナメくんのクレーン行動は、一見すると他者に援助を求めているようですが、改めてその行動の機能を行動観察によりアセスメントしました。

カナメくんの行動を、個別指導場面、集団指導場面、移動場面で観察しました。意図的に課題が設定された個別指導場面や遊び中心の集団指導場面に比べて、移動場面では手伝いを求める行動が頻発していました。"ドアの開閉""靴の着脱""リュックサックの上げ下ろし"など、"歩く"以外のほとんどの行動に対してみられました。また、要求に応じるとニコニコとカナメくんは笑顔をみせ、要求行動を介してのやり取りを楽しんでいるような様子が観察されました。

よって、カナメくんの手伝いを求める行動は、その内容によって機能が異なる可能性が推測されました。つまり、本来であれば、自力遂行できることに対して手伝いを求める場合には、他者が援助することによってカナメくんに注目しています。この他者からの注目を求めて手伝いを求めるクレーン行動が出ている可能性があります。同時に、やれることもやらないで済む、という逃避の機能も含まれているかもしれません。そして、カナメくんにとって自力遂行が難しい場面に直面したときには、その要求行動は援助を求める機能をもつことになると考えられます。

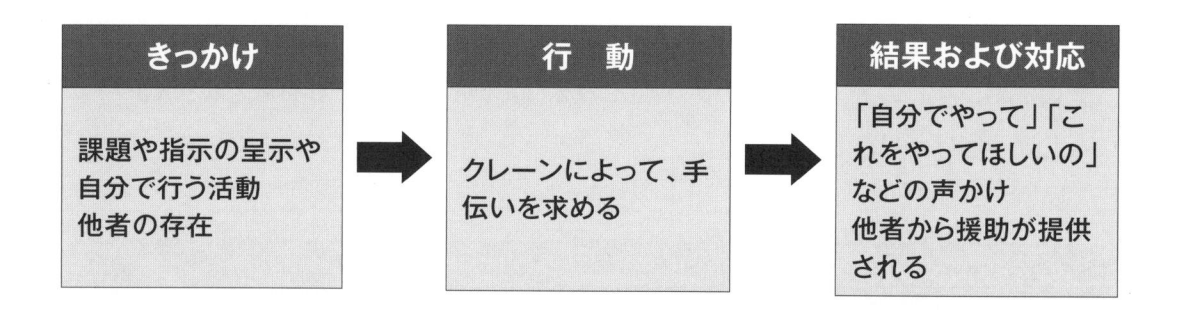

Case 12　日常のあらゆることに対して、手伝いを求め続けるカナメくん

きっかけ	行動	結果および対応
課題や指示の呈示や自分で行う活動　他者の存在	クレーンによって、手伝いを求める	「自分でやって」「これをやってほしいの」などの声かけ　他者から援助が提供される

3 アセスメントを受けて、カナメくんへの支援のポイント

　自分で行うことが難しいときに援助を求める行動は、自立という観点からとても大切です。ですから、この場合の援助を求める行動は維持させていくことが重要です。そのうえで、カナメくんが自分でできると考えられる行動は、自力遂行できるように支援することとしました。

　まず、注目を求める機能に対応した支援です。カナメくんが行うクレーン行動そのものには、極力注目せずに、自分で行ったときだけ褒めたり拍手したりすることでたくさんの注目をすることとしました。次に、自力遂行するのかしないのかは、カナメくん自身に選択してもらうことにしました。そのうえで、自力遂行した場合としなかった場合には、結果に差をつけることとしました。これは、逃避機能に対応しています。カナメくんが自力遂行することが難しいとわかっている課題について、この選択をしてもらうことは意地悪ですから、あらかじめカナメくんが1人でできることについて、選択の機会を設けました。同時に、自力遂行が不可能である課題を呈示した際に、カナメくんが手伝いを求めてきた場合には、先ほどの注目を極力しない方法で、援助を提供することとしました。

4 カナメくんへの支援方法

　支援場面として、個別の机上学習場面（以下、個別学習場面）と日常の生活場面（以下、日常生活場面）を設定しました。個別学習場面では、カナメくんにとって自力遂行可能な課題（以下、簡単な課題）と自力遂行不可能な課題（以下、難しい課題）を行いました。簡単な課題が呈示されたとき、手伝いを求めずに自力遂行した場合に言語賞賛や拍手を行いました。手伝いを求めたときには、「やって」と簡潔に促しを行うことによって、注目をできるだけ少なくしました。「やって」と促した後も手伝いを求める場合には、すべてをやってあげるのではなく、手を添えるなどして、課題を遂行させました。この場合は言語賞賛や拍手を行いました。それでも課題遂行しない場合には、支援者が代わりに課題を遂行しましたが、言語賞賛や拍手は行いませんでした。難しい課題が呈示されたとき、手伝いを求めた場合にはすぐに支援者が代わりに課題を遂行しました。

　日常生活場面では、"靴の着脱""ドアの開閉""リュックサックを背負う・下す"ことを課題として設定しました。これらはカナメくんが自力で遂行可能な課題でした。最初に、個別学習場面と同様の注目機能に対応した支援を行いました。注目機能に対応した支援によっても要求行動の生起に変化がみられない課題においては、課題からの逃避要求という機能が推測されます。そこで、「頑張るカード」と「手伝ってカード」という2枚のカードの選択肢を呈示し、カナメくんに選択させることとしました。「頑張るカード」とは、カナメくんが課題を自力遂行すると、支援者とハイタッチができるということが、写真と絵によって表されているカードでした。「手伝ってカード」とは、カナメくんが支援者に課題を遂行するために手伝いを要求すると、支援者とハイタッチができないということが、写真と絵で表されているカードでした。カナメくんが「頑張るカード」を選択し、課題を自力遂行した場合、言語賞賛とハイタッチをしました。「手伝ってカード」を選択した場合、手を添えるなどして、課題を遂行させました。この場合、言語賞賛などは行いませんでした。

Case 12　日常のあらゆることに対して、手伝いを求め続けるカナメくん

5　カナメくんへの支援の効果

　個別学習場面では、支援前には簡単な課題、難しい課題ともにほぼ100％の頻度で要求行動を行っていましたが、支援開始直後から簡単な課題に対しては自分で行う姿がみられ、手伝いを求めることは10回に1回程度になりました。また、課題を終えると支援者の顔をみるなどして、言語賞賛や拍手を期待しているような様子がみられました。一方、難しい課題に対しては、要求行動が100％の割合で継続して行われました。

　日常生活場面では、注目機能に対応した支援によって、手伝いを求めることは支援前のおよそ半分くらいに減少しました。さらに、逃避機能に対応した支援によってその半分くらいまで減少しました。日常生活場面において、注目機能に対応した支援で手伝いを求める行動が生起しなくなった課題については、その後も自分で遂行することがおおむね維持していました。逃避機能に対応した支援によっても手伝いを求める行動が継続していた課題については、支援開始前から一貫してこの行動が生起し続けていました。このように、注目機能に対応した支援によって自力遂行できるようになったもの、逃避機能に対応した支援によって自力遂行できるようになったもの、最後まで手伝いを求めることが継続されたものというように課題がはっきりと分かれました。

6　カナメくんへの支援のまとめ

　一見、援助を求めているかのような行動に対して、改めてその行動の機能をアセスメントすることにより適切な支援方法を見出すことができました。他害行動や自傷行動といった、問題と認識されやすい行動以外にも行動の機能をアセスメントして支援することの重要性が再確認できます。また、日常生活場面においては課題によってカナメくんが示す行動の変化がはっきりと分かれました。つまり、課題によってそれぞれ異なる機能をもった行動をしていたことが推測されます。未だ生起し続ける手伝いを求める行動においては、注目要求や逃避要求以外の機能があったのかもしれません。

　自力遂行できるにもかかわらず、手伝いを求めることがなくなったわけではありませ

ん。今後の展開として、残った行動を減らすという方向ではなく、カナメくんにとってよりやりがいのある楽しい活動を提供していくことが重要であると考えています。そうすることで、自然と手伝いを求めることが減り、カナメくんが活躍の場が増えてくると考えられます。

（加藤　慎吾）

プロンプト

　正しい行動が起こる確率を高める、補助的な刺激のことを指す。もともと、芝居を行うときに役者の演技に対して、くろこがそでから出していた次の演技やセリフのヒントのことを「プロンプト」と呼んでおり、ここから命名されている。音声による言語プロンプト、ジェスチュアーやサイン、イラストや文字や写真といった視覚的なプロンプト、実際の動きを誘導するように手を添える身体プロンプトなどがある。

　プロンプトが補助的な刺激である、ということは、最終的にはなくしていくことが必要な場合が多い。役者は、相手の役者の動きやセリフ、音楽や場面転換などを手掛かりに、自分のセリフを言ったり演技をする方が芝居はスムーズに進むだろう。このプロンプトをなくしていく手続きをプロンプトフェイディングという。プロンプトのフェイディング手続きには、①プロンプト内のフェイディング、②プロンプト階層のフェイディング、③時間遅延法などがある。①プロンプト内のフェイディングとは、プロンプトを構成している刺激を徐々に少なくするものである。たとえば、文字を教える際に、最初は濃く太い文字をなぞることから始め、だんだんに薄く細い文字をなぞったり、点線をなぞったりする。②プロンプト階層のフェイディングとは、複数のプロンプトを他者からの援助の強さの階層ごとに用い、最終的にプロンプト刺激を除去していくものである。もっとも援助力の弱い、言語プロンプトから呈示し、それでも行動が生起しない場合に視覚プロンプト、身体プロンプトと徐々に援助力の強いプロンプトを呈示していく方法を援助漸増法、逆に援助力の強いものから弱いものに移行していく方法を援助漸減法と呼ぶ。③時間遅延法とは、プロンプトの呈示によって行動の生起が安定したら、プロンプトを呈示するタイミングを少し遅らせる手続きである。

Case13
授業時間に教室からの逃走行動が多いシンくん

このCaseで用いるアセスメントを生かす支援の視点
3 選択機会を入れる
8 スモールステップ

1 Case 概要

　シンくんは、特別支援学校小学部１年生の男の子です。知的障害を伴う自閉症と診断されています。生活に身近なものであれば単語で要求することもありますが、回数はあまり多くはありません。とても活発で教室内で小さなトランポリンをとんだり、担任の先生と追いかけっこをして遊んだりするような活動が大好きです。

　シンくんのクラスは、担任の先生と支援員の２人です。同じクラスに子どもは全部で５人おり、シンくん以外の子どもたちも知的障害を伴う自閉症と診断されています。歩行が不安定で移動支援が必要な１人の子どもに支援員が中心的につき、担任の先生はシ

ンくんを含めたクラス全体を小さな集団としてとらえ、活動を進めていました。

　シンくんは保育園のころから、活動中に急に集団や教室からとび出していってしまうことがありました。特に行きたい場所があるわけではないようなので、どこへ行ってしまうか分からず危険なときもあります。シンくんのこの行動は、特別支援学校入学後も1日の中で頻繁に起きていました。シンくんは教室から逸脱することで、学習課題から逃避し担任の先生から追いかけられることを楽しんでいるようなところがみられました。授業中に担任の先生はシンくんが教室から出ていってしまうと、どこへ行くかわからないシンくんを追いかけざるを得ず、授業を中断しほかの子どもを支援員と待たせてしまう状況が度々起こりました。そんなとき先生はどのようにしてよいかわからず、シンくんを先生のすぐ近くに座らせて、シンくんの動きを常に気にしながら授業をしていました。しかし、少しでも他の子どもにかかわっていると、すっと教室から出ていってしまうことも多くありました。

2 アセスメント

　シンくんが教室から逃走してしまう行動は、学校生活全体をとおして多くみられましたが、どのような授業の時間に起きているのかを確かめるために、ある1週間の逃走行動の回数を記録しました。また授業の展開の仕方によって、逃走してしまう行動の回数に違いがあることも考えられたので、1週間の授業における主な授業展開の仕方や場所の把握も行いました。

授業名	主たる授業展開	場　所	時間数	逃走回数	1時間あたりの平均
着替え・朝の会	反復的な課題	室内	5時間	9回	1.8回
国　語	先生が課題を呈示	室内	1時間	4回	4回
算　数	先生が課題を呈示	室内	1時間	5回	5回
音　楽	先生が課題を呈示	室内	2時間	11回	5.5回
体　育	先生が課題を呈示	屋外	2時間	5回	2.5回
生活単元学習	子どもが課題を選択	室内	10時間	21回	2.1回

| Case 13 | 授業時間に教室からの逃走行動が多いシンくん |

　上記の授業時間のほかに、給食時や放課時にも教室からの逃走行動はみられましたが、ともに1週間のうちで3回でした。

3 アセスメントを受けて、シンくんへの支援のポイント

　シンくんの教室からの逃走は1日をとおして数多く起こってしまっていましたが、特に、室内で担任の先生が課題を一方的に呈示して、実施しているような授業（音楽、国語、算数）ときに、その行動が多く起こっていました。シンくんは担任の先生から、自分の好みではない活動も含め、一方的に課題を呈示され、順番に取り組まなければならないので、そのためそこからの逃避として教室から逃走するという行動を起こしているようです。また教室から逃走することで、担任の先生がシンくんにかかわってくれるので、シンくんの表情から、それが楽しみになっているようにも考えられました。

きっかけ	行　動	結果および対応
・一方的に課題が呈示される ・先生のかかわりがない	・教室から逃走する	・課題が中断する ・先生がかかわる

　それゆえ、シンくんが授業で自分が取り組みたい課題を決めることができれば、それはシンくんが好きな活動を選ぶことになるので、教室からの逃走が減るのではないかと考えられました。また、授業のなかにシンくんが選択することのできる機会があることそれ自体が、シンくんの楽しみになり、主体的に授業に参加できる機会が増えるのではないかのではないかと考えられました。

4 シンくんへの支援方法

　アセスメントを受けて、授業中にシンくんにどのような選択機会を設定することができるのか、授業展開を検討したり担当者間で考えを共有したりしました。シンくんは、簡単な絵カードをみて、そこに描かれているものを単語でこたえることができました。そこで音楽の授業であれば、これまでに学習した曲や今後学習しようと予定している曲のイメージを絵カードにして、シンくんが取り組みたいと思う曲の絵カードを授業のはじめに選択できるようにしました。このときまでに20曲を学習しており、新たに担任の先生が学習課題にしたいと考えている5曲を入れ、25枚の絵カードをつくりました。ただ、1時間の授業のなかでは5曲を取り上げることが時間的に限度であったので、あらかじめ絵カード5枚分のマス目を準備しておき、そこに選んだカードを貼るようにし、貼ることのできなかったカードは、今回の授業のなかでは取り上げられないことをシンくんに分かりやすくしました。また、選んだ曲を学習していく順序についても、カードを実施したい順番に上から黒板に並べることで、シンくんが決めることができるようにしました。そのほかにも授業のなかで器楽を学習する際には、鈴やタンバリン、太鼓等、演奏する楽器を複数の選択肢のなかから選ぶことができるようにしました。そして、それらシンくんが選択した事柄については、授業のなかで必ず守るように担当者間で共通理解をしました。

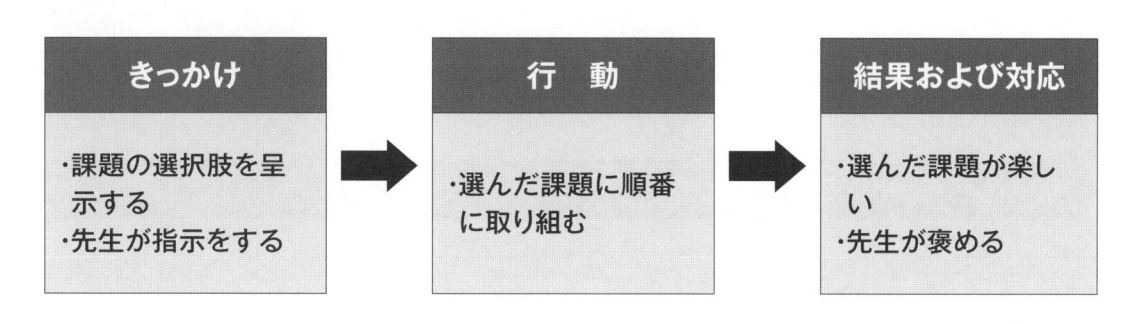

きっかけ	行　動	結果および対応
・課題の選択肢を呈示する ・先生が指示をする	・選んだ課題に順番に取り組む	・選んだ課題が楽しい ・先生が褒める

Case 13 授業時間に教室からの逃走行動が多いシンくん

5 シンくんへの支援の効果

　担任の先生から、音楽の授業で取り上げる曲や楽器の選択肢をいくつか示された当初は、シンくんはそれがどのようなことを意味しているのか、わからない様子で絵カードをあまりみないで選んでいるところがありました。そこで授業のなかで楽器を扱う際は、シンくんが楽器の絵カードを選んだらすぐにその楽器を渡すことを繰り返しました。またシンくんが選んだ曲の絵カードを取り上げて、「シンくんが選んだ次は○○という曲だよ」と何度も授業中に曲目や順序についてフィードバックをして学習を進めたりしました。しばらくすると、シンくんは授業のはじめになると、絵カードをじっくりと時間をかけてみて選ぶようになりました。たくさんのカードのなかから、自分が選んだカードの好きな活動が、授業で行われるという見通しがもてるようになると、授業中に教室から逃避する必要性はなくなります。それゆえ教室から逃走するというシンくんの行動は少なくなり、1時間の授業のうちに5回以上あった教室からの逃走は、ほとんどみられなくなりました。ただ1週間に2時間ある音楽の授業のうち1回程度は、先生や友だちの注意を引きたいためと考えられる逃走行動がみられることがありました。しかし、自分の選んだ活動が行われるという見通しがあることで、逃走しても遠くまで行かずにすぐに教室に戻れるようになりました。また、音楽以外のほかの授業、国語や算数の授業においても、漢字の書き取りや計算問題のドリルワークなど、取り組む課題の内容や順序をシンくんが選択してから、取り組むことができるようにすることで、集中して取り組めるようになり逃走行動が減少しました。

6 シンくんへの支援のまとめ

　このケースにおいては、アセスメントの結果から、授業時間のシンくんの逃走行動は一方的な課題呈示から逃避する機能を果たしていることがわかりました。そこで、授業の課題やその実施順序の選択機会を設定したところ、シンくんの授業への参加行動は増えました。

しかしまったく教室からの逃走がなくなったわけではありません。担任の先生は、可能な限り多様な選択肢を授業のなかに設定するものの、すべての授業においてシンくんの実態に応じて選択機会を設けるのは難しいところもあります。また幾つかの選択肢を準備しても、そのなかにシンくんのしたい活動・欲しい物がないときもあり、シンくんが選択をしない、あるいは「いや」という拒否の選択をすることもあり、どのように選択機会を改善していくかは今後の課題です。さらにシンくんの逃走行動が減ったので、ほかのクラスの子どもの選択機会も十分に確保していきたいという担任の先生の新たな願いも出てきました。その思いと集団で行う授業との兼ね合いのなかで、時にはシンくんにとって好ましくない課題がほかの子どもによって選択され、集団で活動する授業が展開していくこともあり、シンくんがほかの子どもの選択した活動と折り合いをつけられる支援も課題となっています。

　また、シンくんが選んだ活動だけをしていると「自分のしたい活動だけをするようになるのではないか」という担任の先生から心配の声が出ました。シンくんが嫌がるかもしれないが、シンくんの成長発達にとって重要な課題もあり、そうした課題を避けてしまうのではないかという懸念です。そこで担任の先生と、シンくんが課題自体の選択をすることはできなくても、取り組む時間や量、方法や場所、また誰とするか、といった内容の選択以外の違う面に柔軟に選択機会を設けることで、シンくんの想いを尊重し、課題に主体的に向かうことができるようにできないものかと検討を続けています。

（岡田　博）

Case14
動物に対する攻撃行動がみられるナオキくん

このCaseで用いるアセスメントを生かす支援の視点
4 上手に褒める

1 Case 概要

　ナオキくんは、特別支援学校高等部に通う男の子です。知的障害を伴う自閉症と診断されています。ナオキくんは、毎週末にガイドヘルパーのお兄さんと外出することが多く、一緒にお話をしたり、レストランでランチを食べたりすることをとても楽しみにしています。外出先は毎週変わり、水族館や動物園などのレジャー施設に行くこともあれば、広い公園を散歩することもあります。

　移動中や公園の道を歩いていると、時々、犬を連れて歩いている人とすれ違います。そのとき、ガイドヘルパーはナオキくんから目を離さないようにしています。なぜなら、

ナオキくんが散歩している犬をみつけると、小走りで近づき、犬のしっぽを強く握ったり、頭を叩いたりしてしまうことがあるからです。そのようなとき、ガイドヘルパーの大学生は、ナオキくんの腕やリュックのひもをつかんで近づこうとするのを止めるようにしています。止めきれずに犬を叩いてしまったときは、ナオキくんの腕を強く引いて犬から離し、飼い主に何度もお詫びをしながら、ナオキくんに言葉で注意をします。ナオキくんは犬の方に夢中で、注意が聞こえていないようにみえます。ナオキくんの犬に対するこのような行動は、ガイドヘルパーを利用するようになってからずっと続いています。

2 アセスメント

外出中に犬をみかけると、近づいて攻撃をしてしまうナオキくんですが、直接観察によって、①犬への接近行動と、②犬への攻撃行動が起こる際のきっかけと結果を調べると、次のようになっていることがわかります。

①犬への接近行動

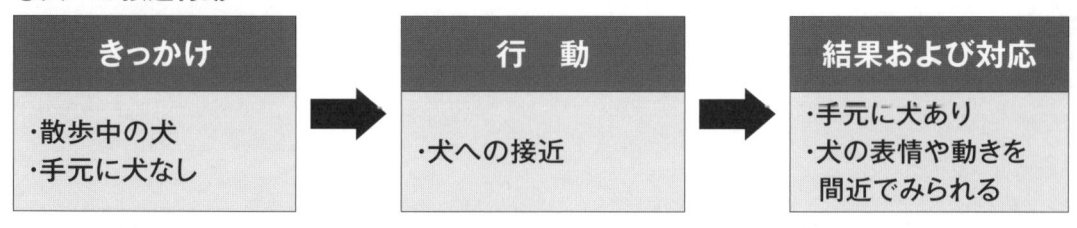

きっかけ	行動	結果および対応
・散歩中の犬 ・手元に犬なし	・犬への接近	・手元に犬あり ・犬の表情や動きを間近でみられる

犬への接近行動は、遠くで歩いている散歩中の犬の存在がきっかけになっており、犬に接近することで、犬の表情や動きを間近にみることができるといった結果が得られます。

②犬への攻撃行動

きっかけ	行動	結果および対応
・犬の反応なし ・犬の体の感触なし	・しっぽを握る ・頭を叩く	・犬が鳴く ・犬の体のやわらかい感触あり

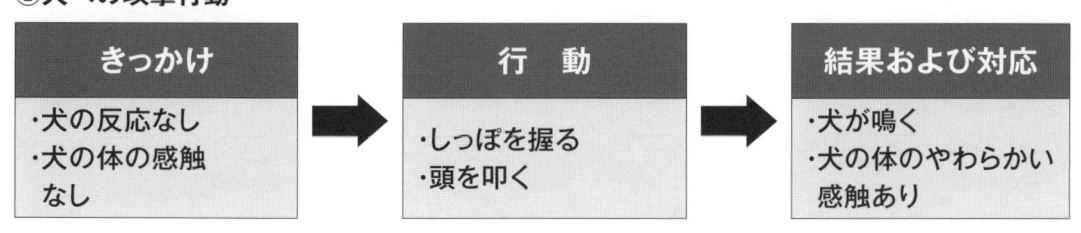

Case 14　動物に対する攻撃行動がみられるナオキくん

　しっぽを強く握ったり頭を叩いたりすることで、犬は驚き、目を丸くしながら高い声を出して鳴きます。ナオキくんは、そのような犬の反応を無言でじっとみつめています。また、犬の身体のフカフカした毛に触るのは気持ちがいいようです。

　次に、①犬への接近と、②犬への攻撃行動の関係をみてみると、①が起きた後にはほぼ100％の確率で②も起きており、2つの行動は連鎖しているということも明らかになりました。

　それでは今度は視点を変えて、ガイドヘルパーが現在行っているナオキくんへの対応について、きっかけと結果の枠を使って考えてみましょう。

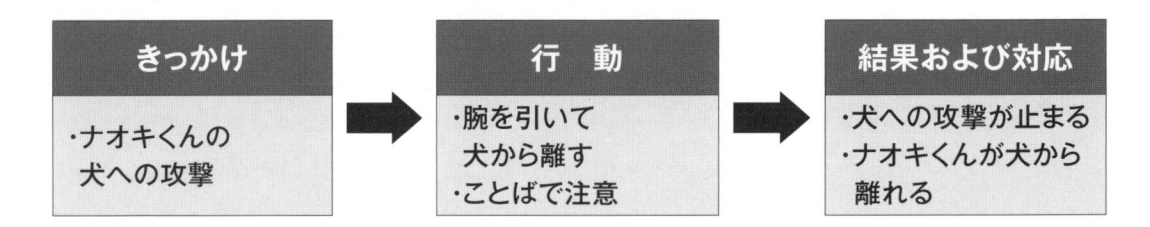

きっかけ	行　動	結果および対応
・ナオキくんの犬への攻撃	・腕を引いて犬から離す ・ことばで注意	・犬への攻撃が止まる ・ナオキくんが犬から離れる

　確かに、現在行っている対応でも、その場ではナオキくんの犬への攻撃行動を収束させることができています。しかし、ナオキくんの攻撃行動が未だに続いているということは、長い目でみると、この対応は根本的な解決策にはなっていないということがわかります。

3　アセスメントを受けて、ナオキくんへの支援のポイント

　直接観察によるアセスメントの結果から、ナオキくんが犬を攻撃するのは、それをすることで犬が鳴いたり暴れたりする反応をみたいためであり、また、犬の毛の感触が気持ちいいからではないかという仮説が立てられました。行動問題の機能としては、「(犬の反応の) 獲得」と「(犬の毛の気持ちの良い) 感覚」であると考えられます。

　また、ガイドヘルパーの現在の対応を分析すると、ナオキくんが犬に接近して攻撃すると、ナオキくんを犬から引き離すという対応をしていることがわかりました。言い換えると、ナオキくんは、犬から離れるときに、必ずといっていいほどガイドヘルパーか

ら腕を引っ張られていたということです。

　以上のことから、動物を攻撃するという行動の機能（獲得と感覚）を、ほかの適切な行動によって担保できないかということ、そして、犬とのかかわり方だけではなく、自分で犬から離れられるようになるための支援方法を考えることにしました。

　この行動に対する具体的な支援を考えるときに、もっとも手軽な方法は、ナオキくんが犬に近づくことを全面的に禁止し、犬と触れ合う機会を奪ってしまうことかもしれません。しかし、もしそのような解決方法を実践した場合に、犬に近づいてはいけない理由をナオキくんにうまく伝えられない可能性があることと、ナオキくんの生活の質（QOL）の低下につながる可能性が考えられました。そのため、①犬への接近行動ではなく、②犬への攻撃行動に介入し、攻撃以外の行動で犬と適切に触れ合えるような支援方法を考えていくことにしました。

4 ナオキくんへの支援方法

　まず、犬の反応を求めて行っているという行動の機能に沿ったかかわり、つまり犬の驚いた反応や甲高い泣き声を適切なかかわりのなかで得られるようにすることは実際には不可能です。そのため、行動を維持しているもう1つの感覚の機能を担保した適切なかかわりを指導することにしました。

　具体的には、手を広げてじゃんけんのパーの形をつくり、「なで、なで、なで」と声に出しながら犬を3回撫でるという行動を教えることにしました。そして、それができたら、犬に手を振って「バイバイ、またね」と言うことも教えることにしました。これらの2つの行動を連鎖化させて、セットで教えていくことによって、自分で犬から離れるためのきっかけをつくれるようにしました。

　ガイドヘルパーは、まず、ナオキくんに手を添えて「なで、なで、なで」と声に出しながらやり方を教えました。これは、身体誘導によるプロンプトです。それができるようになってきたら、犬に触れる直前に、先にヘルパーが犬にそれをやって見せて、「次はナオキくんの番だよ」と言って同じようにやらせました。これは、モデル呈示による視

> **Case 14**　動物に対する攻撃行動がみられるナオキくん

覚的プロンプトといえます。そして、声かけだけでできるようにし（言語プロンプト）、最後は自分でできるようにしていきます。このように、段階的に手がかり、つまりプロンプトの強度を低くして自発を促す方法を、プロンプト・フェイディング法といいます。

教えられた方法で犬と適切にかかわることができたら、ヘルパーはすぐに褒めるようにしました。「えらいね」「よくできたね」という言葉かけだけではなく、指で丸の形をつくって視覚的にも伝えるようにしました。そして、帰宅時には保護者によくできたことを伝え、保護者からも同じように褒めてもらえる機会をつくることにしました。

ガイドヘルパーがほかの人に代わっても同じような支援方法が継続して行われるように、保護者は下のようなカードをつくって、すべてのガイドヘルパーに渡すようにしました。以前は「犬に近づけさせないでください」と言ってヘルパーにお願いしていましたが、それに比べると保護者も気持ちよく送りだせるようになっています。

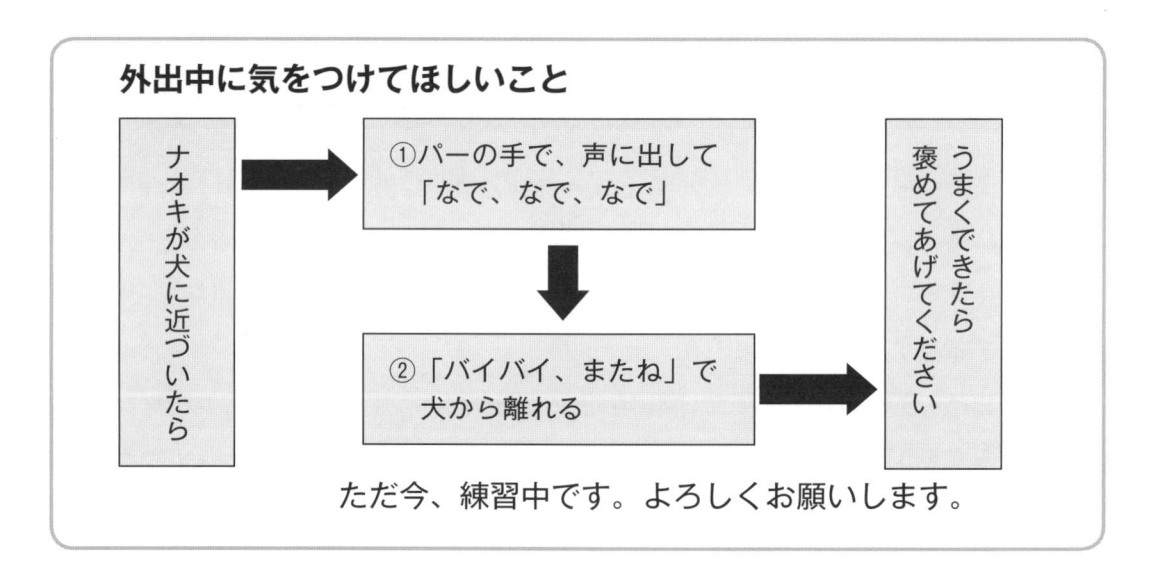

```
外出中に気をつけてほしいこと

ナオキが犬に近づいたら → ①パーの手で、声に出して「なで、なで、なで」
                    ↓
                    ②「バイバイ、またね」で犬から離れる → うまくできたら褒めてあげてください

ただ今、練習中です。よろしくお願いします。
```

5　ナオキくんへの支援の効果

機会を重ねるごとに教えられた方法で犬に触れるということが、徐々にできるようになりました。指導開始のころは、「バイバイ、またね」と言って手を振った直後に、また

犬に触れようとすることがあったので、ガイドヘルパーはそれを止めて、「バイバイしようね」と言ってナオキくんの手をとり、もう一度バイバイをしてから、その場を離れることがありました。こういった適切な行動が増えてくると、もちろん犬への攻撃行動も減っていきました。

6 ナオキくんへの支援のまとめ

　ナオキくんの場合、1つの行動問題に複数の機能が備わっていました。複数の機能で維持されている行動問題を扱う場合、まずはどのような機能が考えられるのかをすべて挙げてみることが大切です。すべての機能を挙げてみると、ある機能については、その機能の代替となる適切な行動がみつけにくい場合があります。ナオキくんの場合では、「（犬の反応の）獲得」機能に合わせた適切な行動がみつけられませんでした。そのようなときは、他の機能に合わせた機能的な行動の指導を考えて実施することで改善されることがあります。

　具体的な支援方法を考える際には、その指導の方法について考えるだけではなく、目標となる行動を選定することも含まれます。目標となる行動を選定する際のポイントは、まず、問題となっている行動の機能を特定すること、現在の子どもの行動を評価して、まだ身についていない適切な行動は何かを調べること、子どもの行動レパートリーを考慮して行動問題と同じ機能をもつ適切な行動を探ることです。指導の方法について考える際のポイントは、対象となる子どもがわかる手がかり（プロンプト）を用いた指導方法を選定すること、その手がかりは徐々に減らしていくように段階的なプログラムを組むことです。

　また、指導者が代わると目標となる行動や指導方法が変わってしまうという環境では、子どもの混乱を招き、指導が思うように進まなくなります。指導者間で密に連絡をとったり、ナオキくんの保護者がつくったような簡単な子どもの指導計画が準備されることで、このような問題は起きにくくなるでしょう。

（原田　晋吾）

Case15
母親や祖母に暴力をふるってしまうコウジくん

このCaseで用いるアセスメントを生かす支援の視点
4 上手に褒める
5 先手を打つ
6 物理的な環境を変える

1 Case 概要

　コウジくんは、中学校特別支援学級（情緒学級）に通う中学1年生です。10歳のときにアスペルガー症候群と診断され、知的障害はありません。幼児期は、人見知りは少なく活発で落ち着きがないことがあり、保育園では他児とは遊べませんでしたが、集団活動への参加はできていました。小学校入学後は同級生とのトラブルが増加し、10歳のときこれに加えて、家庭においても母親や祖母に対して殴る、蹴るなどの暴力が激しくなったために精神科のある病院へ5か月入院していました。中学入学後、しばらくは落ち着いていましたが対人トラブルから情緒不安定となることが多く、1年生の夏休み明けから再び家庭内暴力が多くなりました。帰宅後、母親や祖母に対する暴力が毎日1時

間程度続き、「家庭では対応しきれない」「入院させたい」とのことから相談に来られました。

2 アセスメント

　コウジくんの家庭内暴力について、コウジくんと母親から聞き取りを行いました。きっかけとしては、帰宅後の楽しみにしているパソコンの起動が遅いことや、宿題がわからないことでした。コウジくんは、思いどおりにならないので「慰めて欲しい」と思い、母親や祖母に抱きつくという行動をします。この「抱きつく」という行動は、小学校のとき、先生に「家族に対しては抱きついてもいいけど、それ以外の人に抱きついてはいけない」と言われたことを、コウジくんとしては忠実に守っているということでした。結果および対応としては、母親や祖母は中学生の子どもに執拗に抱きつかれるということが生理的に受け付けられないため、コウジくんを突き放してしまうということでした。
　コウジくんとしては、その振り払いを「拒否された」と感じ、悲しい気分とともに怒りの気分も出てくるということでした。この抱きつきに対する「結果および対応」は次の暴力の「きっかけ」へとつながっていました。母親や祖母から抵抗を示されると、コウジくんは母親や祖母に殴る蹴るという激しい行動をしてしまい、それは母や祖母が服従するまで続きました。抱きつきに関しては、注目機能、暴力に関しては要求（服従し認めて欲しい）機能であることが推察されました。結果として母親や祖母は骨折など大きな外傷を負っており、早急な機関連携と介入が求められると判断されました。

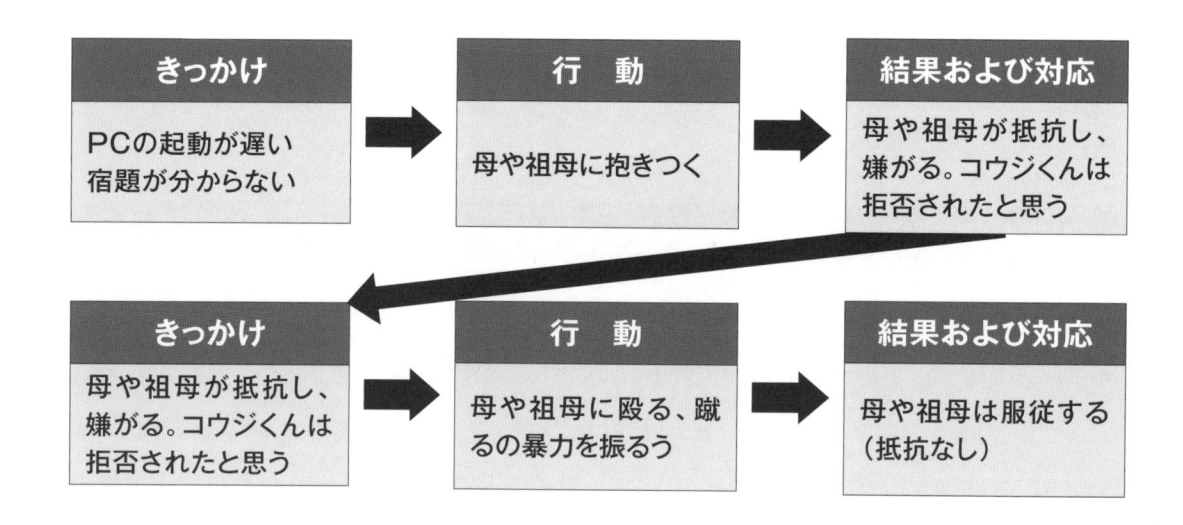

Case 15　母親や祖母に暴力をふるってしまうコウジくん

きっかけ	→	行動	→	結果および対応
PCの起動が遅い　宿題が分からない		母や祖母に抱きつく		母や祖母が抵抗し、嫌がる。コウジくんは拒否されたと思う

きっかけ	→	行動	→	結果および対応
母や祖母が抵抗し、嫌がる。コウジくんは拒否されたと思う		母や祖母に殴る、蹴るの暴力を振るう		母や祖母は服従する（抵抗なし）

3　コウジくんへの支援方法

　コウジくんの問題となる行動は、「抱きつき行動」と「暴力行動」に分かれていたためそれぞれに対して支援プランを立てました。

・抱きつき行動

　PCの起動が遅いとき、宿題がわからないときなどに起こりやすいことから、コウジくんと共にPC起動の平均時間を測り、どのくらいかかるのかを知ることを行いました。また、その待ち時間にする行動をコウジくんとともに考え、「ガムを噛む」「本を読む」という行動をあげ、実際に相談室で練習しました。また宿題が分からないときへの対応として、先生に電話で質問するという方法も学びました。

　医療機関では、下校直後にコウジくんの暴力行動が多く起こることから、今までの朝夕の投薬に加えて下校前の投薬処方を行いました。学校では、宿題の出し方を工夫しました。授業で学んだことを復習する形の宿題にしてもらうことと、できるだけ放課後に学校で宿題を終わらせて帰宅するようにしました。また、テストの答案の返し方も交流学級で渡すのではなく、特別支援学級で担任から渡してもらうなどの工夫もしました。さらにコウジくんが学校で興奮してしまった際には、帰宅前に母親にそのことを連絡してもらうようにし、帰宅後の宿題に対して質問を受け付ける時間帯を設けました。福祉

的な対応として、コウジくんと母親・祖母だけで過ごす時間を減らすために、訪問支援や移動支援を行えるようにしました。

　PCの起動の際は、コウジくんが考えた「ガムを噛んで待つ」「本を読んで待つ」、宿題が分からないときの「担任に電話をかける」といった望ましい行動ができたときには、母や祖母から褒めてもらい、トークンエコノミーシステムとして、ポイントをもらえることを約束しました。

・**暴力行動**

　抱きつき行動が起こってしまった場合、もしくはコウジくんの悲しさや怒りの気分が出てきた場合についての支援プランです。

　コウジくんは、これまで悲しさや怒りの気分に対して、母や祖母に慰めてもらうという方法しか、気分を変える方法を知らなかったため、新たなスキルとして悲しみや怒りなどネガティブな気分になった場合にそれを切り替える練習をしました。まず、コウジくんにこれまでの問題場面を振り返ってもらい、問題場面の状況を整理してもらいました。そしてネガティブな気分を切り替えるための具体的な行動をコウジくんと共に考え、インスタントのスープをつくって飲むことや、呼吸法を練習し、実際に相談室で試して効果を共有しました。母親に対しては、コウジくんの顔色が変わったと感じたら、祖母とともにコウジくんから離れ、身の安全を確保すること、必要があれば家の外に出てコウジくんからの暴力を回避することとしました。

　暴力行為をせずに、「スープを飲む」「リラクセーションを行う」といった望ましい行動ができたときには、母親や祖母からしっかり褒めてもらうこととしました。

Case 15　母親や祖母に暴力をふるってしまうコウジくん

事前の対応の工夫	望ましい行動	ほめ方・楽しみな活動
心理 コウジくん:PC起動の平均所要時間を知り、待ち時間にやる行動を考える。宿題が分からない時に先生に質問する方法を学ぶ。 **医療** コウジくん:朝夕の気分の安定薬・抗てんかん薬を処方・調整 **教育** コウジくん:宿題の出し方の工夫 **福祉** コウジくんと母、祖母が一緒にいる時間を減らすため、訪問支援、移動支援の実施	ガムを噛んで待つ 本を読んで待つ わからないときは担任に電話をかける	ポイントをゲットする。5ポイントたまったら、スマートフォンのアプリを買う 母や祖母から褒めてもらう

事前の対応の工夫	望ましい行動	褒め方・楽しみな活動
コウジくん:問題場面の振り返りと整理、怒りの感情のコントロール 母:コウジくんから離れ、家の外に出て、暴力を回避する	スープを飲む リラクセーションを行う	母や祖母から褒めてもらう

4 コウジくんへの支援の効果

　週1回の相談場面では、コウジくんに対して〈事前の対応の工夫〉にあげたことを1つずつ実践していきました。コウジくんは、来談に対して抵抗がなかったため、スムーズに面接を進め、ワークなどにも取り組むことができました。相談場面で学んだスキルを実生活でも積極的に実践することができ、結果および対応として行った活動もコウジくんの楽しみの活動であったため行うことができたため、順調に暴力行動を減らすことができました。

　相談前の家庭内暴力の生起回数が1日5回程度でしたが、相談後にはすぐに1日に0回～2回程度に減りました。暴力の持続時間も相談前は1回あたり1時間程度でしたが、相談後は2～5分程度になりました。暴力行動が生じていたのは、学校での体育祭や定期考査等の行事があったりする場合に限られていました。2か月後、支援プランの見直しを行い、行事の前のストレスを低減するために、「行事ではどのようなことが行われるか」「どのように振る舞えばよいのか」「わからないときはどのように質問するのか」などを学校と連携しながら、相談場面で具体的に教えていきました。そうすることで、暴力行動は3か月後には消失し5か月経った現在でも維持しています。

　母親や祖母の対応は、これまでコウジくんの抱きつき行動に対しては抵抗を示し、暴力行動に対しては、叩かれたら叩き返すなどの対応を行っていました。母親や祖母に対して図で示した支援プランをもとに説明し、抱きつき行動や暴力行動への対応を学び褒め方などの練習などを行いました。始めはなかなか対応を変えることが難しかった母親や祖母も次第に事前の対応の工夫や、望ましい行動ができたときの褒め方などを工夫することができ、コウジくんは適切な注目を得ることができるようになりました。

5 コウジくんへの支援のまとめ

　コウジくんの家庭内暴力は、二次障害ともいわれるものですが、それは本来の障害の特性と周りの環境の相互作用によって生じており、悪循環に陥っていました。このよう

Case 15　母親や祖母に暴力をふるってしまうコウジくん

な場合、問題の状況を「きっかけ」「行動」「結果」を丁寧にアセスメントし、機能を把握することが重要です。また支援プランを作成し実行をする際には、家庭の状況のアセスメントをし、家庭における実行可能度を把握する必要があります。家族が無理なく行え、負担の低い支援プランが、実行度を高め問題を解決するまでの時間も短くなると考えられます。もう一方、実行度や問題解決を早くする方法として他機関との連携が大切です。一機関のみのアプローチでは、家庭内暴力をなくすことは難しく、他機関との連携を行うことが早い解決へとつながり、家族にとっても「自分たちでどうにかしなければいけない」という負担度が軽減します。思春期の本人へのアプローチとして、自己理解・障害理解の支援、不適切な行動を適切な代替行動への変換、教育現場における支援などが考えられます。加えて、心理、医療、教育、等の連携を行い、保護者に対しても心理的安心と最大限のサポートを行い、問題となっている行動への理解とその対処を促す包括的な支援が必要です。

（松尾　理沙）

課題分析と行動連鎖

　人間の行動は、単独で起こることは少なく、いくつかの行動がつながっている場合が多い。たとえば、カップラーメンを作るという行動は、①包装されているビニールをとる、②ふたを開ける、③かやくやスープの素を取り出す、④取り出したかやくとスープをカップの中に入れる、⑤お湯を指定の線まで入れる、⑥ふたを閉める、⑦指定の時間が経過したらふたを開ける、といった具合である。一連の行動を、こうした細かいステップに分けることを「課題分析」という。課題分析では、どのようなステップに何段階で分けなければいけない、ということに正解はない。先のカップラーメンを作るという行動も、⑥のふたを閉めた次に、キッチンタイマーででき上がりまでの時間を設定する人もいるかもしれないし、種類によっては、ビニールに包装されておらず、①のステップの遂行が必要ない場合もある。分析した各ステップのとおりにやってみて、その行動が完遂できること、なるべく細かいステップに分けられていること、この2つが課題分析の原則である。

　また、このような行動のつながりのことを「行動連鎖」という。行動のつながりを作ることを「連鎖化」という。連鎖を順番に作り上げることを「順行連鎖化」、逆順に作り上げる「逆行連鎖化」と呼ぶ。子どもに対して、先のカップラーメンを順行連鎖化によって教える場合、①と②をまず教えて、そのあとは、大人が行う。①と②ができるようになったら、次に③を教える。反対に、逆行連鎖化を図る場合は、①から⑥までを大人が行い、まず⑦を子どもに教える。さらに、「全課題呈示法」は、連鎖全体をマスターするまで、子どもにすべてのステップを順に教えていく方法である。

Case16
強迫的な確認をする ガッちゃん

このCaseで用いるアセスメントを生かす支援の視点
5 先手を打つ

1 Case 概要

　今年、特別支援学校中学部に入学したガッちゃんは、笑顔が素敵な男の子です。診断名は、広汎性発達障害と知的障害でした。本人からの表現は主に一語文でしたが、日常会話で表れる決まったフレーズ「トイレ行ってきます」「本（貸して）ください」などは二語文で伝えることができました。日常生活での指示は、音声や文字だけではうまく理解できないようでしたが、指さしや身振りなどで伝えると、行動することが多くありました。車が大好きで、図書室でも車の本を眺めながら過ごすのが日課でした。
　そんなガッちゃんですが、小学部低学年の頃は、激しい多動で、担任が制止をしよう

にも場合によってはかんしゃくを起こすなど、目が離せない児童だったそうです。そこで、担任と保護者が相談をし、学校や支援機関などで決めた約束（たとえば「先生の言うことを聞く」「アーアー（寝そべって大声を出す）しない」など）を守れなかった場合、帰宅後に大好きなゲームができないという取り決めを徹底していました。そうした取り組みの成果もあってか、6年生にもなると、多動やかんしゃくなどは落ち着いていました。しかし、一方で自分が何か失敗した場合や、叱責や注意を受けた場合に、近くにいる教員に「ゲームする」と確認をする様子が観察されました。「そうだね」「おうちでね」などと返事をしても、何度か「ゲームする」と繰り返し、しばらく続きます。また、教員があいまいに答えたり、無視をしたりすると、繰り返すなかで次第に声が大きくなり、壁や窓に頭突きをすることもあるため、小学部のころの教員はガッちゃんの確認に対して、明確に承認の返事をするよう心がけていたとのことでした。

2 アセスメント

　中学1年生になってから、教員がガッちゃんの「ゲームする」という確認に対して、無視やあいまいな返事は控えていたため、頭突きはまったくみられませんでしたが、この確認行動は毎日のように繰り返されていました。学校での行動観察から、確認行動が生起する前の「きっかけ」と、生起した後の「結果」に分けて、ABC分析を行いました。確認行動に関しては、教員からの叱責や注意がきっかけとなり、確認をすることで、教員から「そうだね」「おうちでね」などと承認されているようでした。しかし、叱責や注意をしなければならないような行動でない場合、たとえば筆箱を机から落としてしまったり、椅子を傾けてしまったりする行動に対して、教員が「ガッちゃん」と名前を呼んだり視線を向けたりすると、確認行動が生起しました。

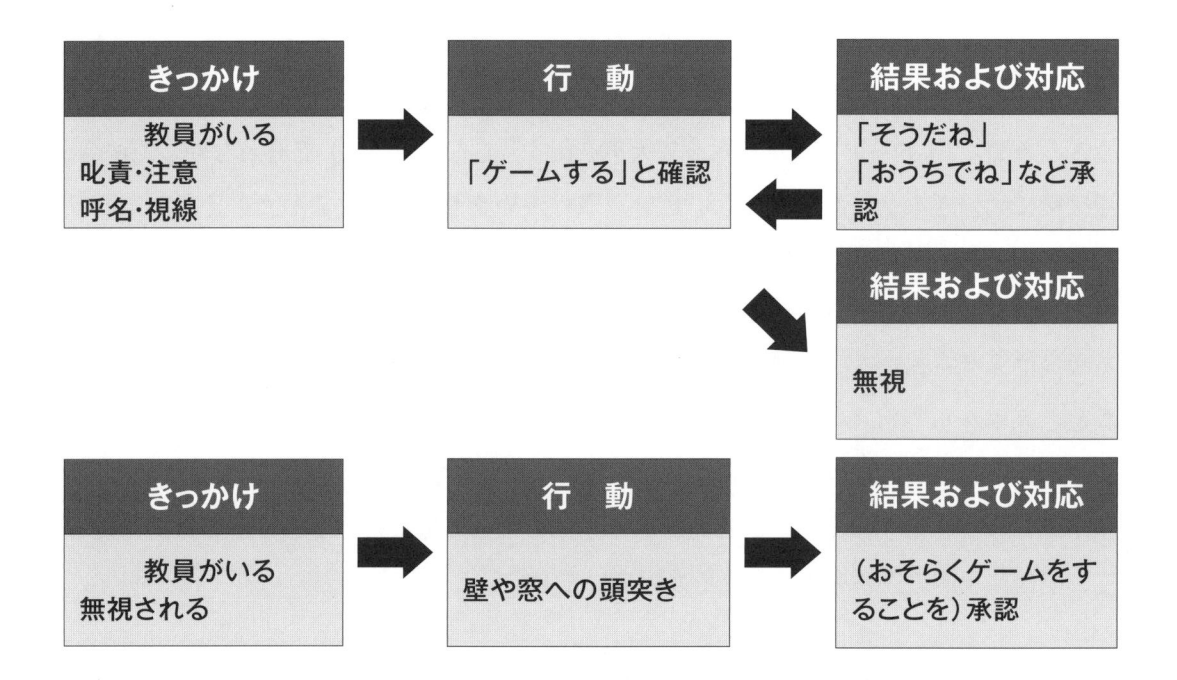

Case 16　強迫的な確認をするガッちゃん

きっかけ	行動	結果および対応
教員がいる 叱責・注意 呼名・視線	「ゲームする」と確認	「そうだね」 「おうちでね」など承認

		結果および対応
		無視

きっかけ	行動	結果および対応
教員がいる 無視される	壁や窓への頭突き	（おそらくゲームをすることを）承認

　以上より、確認行動は、好きなゲームができるかどうかが本人に判断がつかない状況において、教員からの承認を得るために生起している可能性が推測されました。あるいは、教員が承認するまで言い続けるのは、ゲームができなくなる状況を回避するためではないかと推測されました。そして、確認行動が生起しても教員から承認されない場合に、教員からの承認を求めて、声を荒げたり頭突きをしてしまうのではないかという仮説が立てられました。

3 アセスメントを受けて、ガッちゃんへの支援のポイント

　ガッちゃんは、教員から承認が得られればゲームができるが、承認が得られなければゲームはできないと思っているようでした。小学部のころは、約束を守ることを徹底して行ったために、ガッちゃんが約束を守れなければ、お母さんから「学校で○○をしたので、ゲームはできません」と言われ、頭突きをしても、お家でのゲームはできませんでした。ゲームができなければ、ガッちゃんはその場でかんしゃくを起こすのですが、

保護者はそこを頑として譲らず、かんしゃくが収まるまで放っておいたそうです。中学部になった現在は、小学部のころに保護者と約束していたような「しないこと」はほとんどみられません。にもかかわらず、周りの大人のちょっとした声掛けや視線によってこの確認行動が頻発している状況でした。これは、ガッちゃん自身が自分の行動について行うべきではない行動であったのかどうか、判断ができないことが大きく影響していたのではないかと考えられます。したがって、ガッちゃんの行った行動に関するゲームの可否について、ガッちゃんにとって分かりやすく確認することができれば、「ゲームする」の確認行動が減るのではないかと推測されました。

4 ガッちゃんへの支援方法

　ゲームができなくなるガッちゃんの行動を示すために、約束カードを導入しました。約束カードには、ガッちゃんにしてほしくないことをイラストで示しました。保護者と相談して、小学部時代に起きていた特に気になる3つの行動に絞りました。約束カードは、ガッちゃんが首から下げられるようストラップをつけておきました。

　約束カードを予めガッちゃんに渡したうえで、ガッちゃんが「ゲームする」と確認してきた場合には、ガッちゃんが首から下げているカードを指さして、「みてごらん」と指示するようにしました。そのうえで、さらに確認行動が続くようであれば、「今の○○は、カードにないからマルだよ」と答えるようにしました。

きっかけ	行　動	結果および対応
叱責、注意 呼名、視線	「ゲームする」と確認	約束カードをみるように指示される

Case 16 強迫的な確認をするガッちゃん

5 ガッちゃんへの支援の効果

　約束カードを導入してからしばらくは、「ゲームする」と確認する様子が多くみられました。しかし、担任の先生には、一貫して約束カードでガッちゃん自身が確認するよう促してもらったところ、自らカードを先生にみせながら「マルでーす」と言うようになっていきました。今では思い出したように数日に1回、カードをもってくることはありますが、近くに教員がいなくても、自分で約束カードをみて確認している様子がみられるようになりました。

6 ガッちゃんへの支援のまとめ

　小学部時代からのガッちゃんの行動問題の歴史は、教員や保護者の「あれをしたらゲームなし」「これをしたらゲームなし」といった罰的な手立てに基づかれており、それらの効果の上に成り立っていました。中学生ともなると、そうしたルールは本人のなかでも根づいているようで、学校で示すことはほとんどありませんでした。しかし、実際に「ゲームなし」の対象行動にはなったことのない行動をとったときにも、ちょっとした先生の視線などで「ゲームなし」になるのかどうか確認せざるを得なくなっていました。今回は、先生への確認行動を自分で約束カードをみる行動に置き換える手続きをとりました。これはどちらも、ゲームができるか否かにつながっており、約束カードをみる場合に先生からの承認がなくても、その判断はできるようになったといえます。しかし、この手続きはあくまで、ゲームができるか否かであり、ガッちゃん本人が、自分の行った行動をその状況で適切か否かを判断できる力とはなっていません。

　今後、さらに行動範囲が広がってくるだろうガッちゃんに対して、状況に応じた適切な行動をとることができる大人になってもらうためには、ゲームを介すことなく自分の行動の評価ができるようになってもらう手立てを考えていかなければなりません。

(末永　続)

トークンエコノミーシステムとレスポンスコスト

　行動を維持したり増やすための結果操作の1つに、トークンエコノミーシステムがある。トークンエコノミーシステムは、以下の3つの要素により規定される。①トークンすなわち交換の媒介物、②トークンで交換できる報酬すなわちバックアップ強化子、③トークンを稼ぐ特別の行動と、トークンが交換されるバックアップ強化子との間の相互関係を決めているルール体系、である。

　トークンは、お金に代表されるようにそのものには価値が高くないが、利便性が高いものが好ましい。たとえば、ポイントカードのスタンプやシールなどである。

　一方、行動を減らすための結果操作の1つにレスポンスコストがある。ある行動に随伴して、その個人の有する強化子を取り上げる技法である。レスポンスコストは、罰金制度ともいわれ、交通違反に対して、車の免許状のポイントを失い、罰金を払うような場合である。

Case17
ぐずぐずしてなかなか教室へ行かないタケくん

このCaseで用いるアセスメントを生かす支援の視点
5 先手を打つ

1 Case 概要

　タケくんは小学校通常学級に通う２年生の男の子です。知的能力はボーダーくらいでADHDの診断を受けています。他児が自分のいうことを聞かないときには「ぜっこうするよ」と言っておどしたり、やらなければならないときにやるように声かけしても聞こえていないふりをすることが頻繁にみられました。動き回ることや戦いごっこが好きで、休み時間には友だちとよくやっていました。ひらがなやカタカナそして簡単な漢字を読むことはできました。

　いったんこうと決めたら、なかなか自分の考えを切り替えることができない様子もあ

りました。また、朝学校に来たとき、玄関で友だちと話をして、なかなか教室へ行かないことが頻繁にありました。そのとき、早く教室へ行くように声かけをしてもすぐに移動することはほとんどありません。ほかのクラスのいわゆる怖い先生が強く叱責をすれば、教室に行くことができます。しかし、怖い先生から叱責された次の日には同じように友だちと話してしまい、教室へすぐに行きませんでした。一緒に話していた友だちもぐずぐずして教室へ行かなくなり、先生は途方に暮れてしまいました。

2 アセスメント

はじめに、校門から教室に行くまでの流れについて課題分析をして、どの行動要素ができて、どの行動要素の取りかかりが悪いかを分析しました。

	下位行動	遂行度	備考
1	校門から入る	◎	友だちと一緒に来る
2	玄関に向かう	○	友だちにちょっかいを出しながら歩く
3	玄関に入る	◎	友だちよりも先に玄関に入る
4	自分の靴箱から上履きをとる	◎	友だちよりも先に靴を取る
5	外履きを脱ぐ	△	友だちは玄関の辺りにいる
6	上履きを履く	△	友だちは玄関の辺りにいる
7	外履きを所定の棚に入れる	◎	友だちよりも先に入れる
8	教室へ向かう	◎	友だちよりも先に教室へ向かう
9	教室へ入る	◎	

◎自発遂行、○声かけなどをすることで遂行することが多い、△逸脱行動

次に、どのようなときにスムーズに行動に移すことができているかを確かめるために、学校での様子を観察しました。

Case 17　ぐずぐずしてなかなか教室へ行かないタケくん

先行条件	遂行度
普段から叱責している先生が注意する	◎
普段から叱責していない先生が注意する	△
「～（行動内容）したら…（本人にとって楽しみなこと）だよ」という声かけ	○
黒板や紙に書かれた指示	○
身体的に誘導する	△

◎よくできる、○おおむねできる、△ほとんどできない

3 アセスメントを受けて、タケくんへの支援のポイント

　日常の様子を観察すると、日頃叱責をしている先生が注意すると、すんなりと教室に向かうタケくんの様子がみられました。しかし、これではほかの先生がタケくんを教室に移動させることはできませんし、より強い叱責が必要となってくる可能性もあります。さらに、叱責をする先生の目を避けるようになるかもしれません。ですから、叱責をしなくてもタケくんがスムーズに教室に移動できる方法を考えていくことにしました。

　アセスメントの結果、靴箱から上履きをとるところまでは、スムーズに行動を遂行していることがわかりました。外履きから上履きに履き替えるときに、友だちにちょっかいをだしたり、話しかけたりして、なかなか次の行動へ進まないこともわかりました。自分が上履きをとったときに上履きに履き替えが終わっていない友だちがいると、話をするのにちょうどよく、さらにその友だちがタケくんの話しかけにのってしまうとなかなか次の行動へ移れない様子がわかりました。タケくんと友だちが玄関で会わなければ、スムーズに教室に移動できそうな気がします。しかし、友だちは毎朝タケくんと一緒に登校することを決めており、そしてタケくんがいなくなるまで動こうとしません。友だちの行動を変えることにも、時間がかかりそうです。

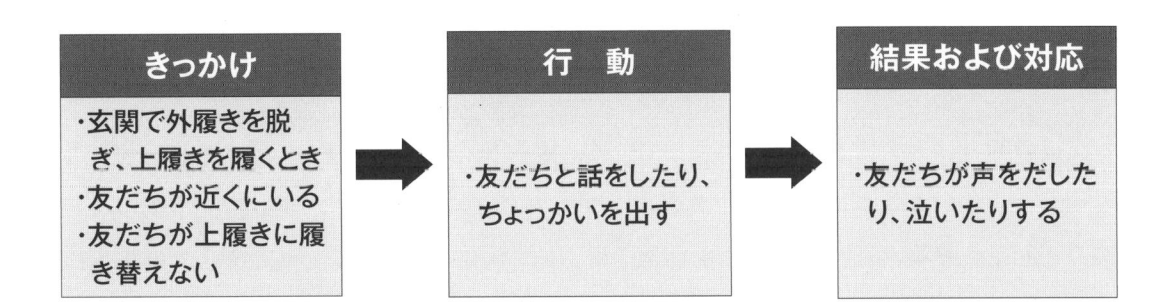

きっかけ	行動	結果および対応
・玄関で外履きを脱ぎ、上履きを履くとき ・友だちが近くにいる ・友だちが上履きに履き替えない	・友だちと話をしたり、ちょっかいを出す	・友だちが声をだしたり、泣いたりする

　では、タケくんに話を戻してみると、外履きを脱いで上履きに履き替えるところまではスムーズにできます。ここで、友だちに話をするのではなく、教室へ行くように目を向けさせることがポイントになります。声かけではなかなか動こうとしないので、行動のきっかけにはそれ以外の方法を考えます。タケくんは、黒板や紙に書かれた指示に従うことが概ねできていたので、これは利用できそうです。さらに、「〜したら…だよ」というルールにも従うこともできていたので、これも利用できそうです。

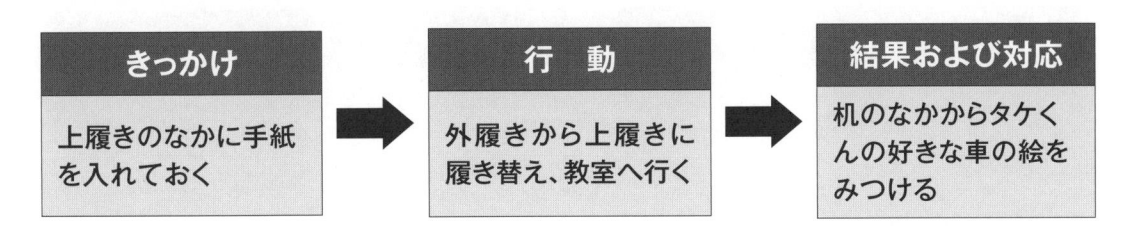

4 タケくんへの支援方法

　朝、タケくんが登校する前に、上履きのなかに「つくえのなかを　みてね。おたのしみがあるよ。てんしより」という手紙を入れておきました。そして、机のなかにはタケくんの好きな車の絵を入れておきました。

きっかけ	行動	結果および対応
上履きのなかに手紙を入れておく	外履きから上履きに履き替え、教室へ行く	机のなかからタケくんの好きな車の絵をみつける

Case 17　ぐずぐずしてなかなか教室へ行かないタケくん

5　タケくんへの支援の効果

　支援の初日は、上履きに手紙が入っていることに気づかせるために、「あれれ、何かあるぞ」と声かけしました。そうすると、タケくんは手紙に気づき、ゆっくり手紙の文を読みました。最初、意味がわからない様子で、「つくえって、ぼくのつくえ？」と先生に質問してきました。先生は「どうかな？　たしかめてみたら」とだけ言いました。すると、わき目も振らずに靴を外履きから上履きへ履き替えて教室へ行きました。そして、自分の机のなかから車の絵をみつけました。

　次の日も同じように、上履きのなかに手紙を入れておきました。すると、「あ、またはいっていた」と言って、すぐに教室へ向かいました。数日、この方法を続けました。そうすると、友だちにちょっかいをだすことが減っていき、教室へスムーズに行くことが増えてきました。そこで、手紙を上履きに入れることをやめてみました。そうすると、再び友だちと話したり、ちょっかいを出す姿がみられるようになってしまいました。次の日から再び手紙を上履きに入れるようにして、今度は机のなかの絵を時々入れるようにしました。手紙には「つくえのなかを　みてね。きょうは　おたのしみがあるかな？　てんしより」と書くことにしました。そうすると、玄関で靴を履きかえる際に「きょうは、てんしからのおくりものあるかな」と言いながら、教室へ向かうようになりました。

6　タケくんへの支援のまとめ

　タケくんは手紙があるときに、スムーズに教室へ行けるようになりましたが、手紙がないと友だちにちょっかいを出すといった行動が、依然みられます。しかし、外履きから上履きに履き替えることもはやくなってきたので、この手紙をなくしていくタイミングを図っているところです。たとえば、手紙を入れずに机のなかに車の絵を入れておきます。そして、上履きのなかに手紙がないのにタケくんが気づき、友だちにちょっかいを出しそうになったときに「あ、そういえば、てんしがさっきとんでいったよ。つくえをたしかめてみたら」といった声かけをしてみます。このように、手紙がなくとも机の

なかにあったりなかったりするような日をつくることで、だんだんにこうした手続きが必要なくなるかもしれません。

　このケースでは、声かけがなくても、自分から教室へ入るのを支援したものです。行動連鎖を形成するうえで、声かけをしなければならない場合もありますし、叱責や注意をしなければならない場合もあることでしょう。子どもが友だちをからかっているのをみると、つい注意したり叱責してしまうことでしょう。そんなとき、友だちをからかわないということを目標とするよりも、視点を変えて、適切な行動へ目を向けることで成功することがあります。子どもがスムーズに動かない理由と、行動に移しやすいきっかけを分析し、子どもがより喜ぶような結果を用意することで、ある程度解決するものです。

（五十嵐　一徳）

Case18
衝動的に発言してしまうシマくん

このCaseで用いるアセスメントを生かす支援の視点
5 先手を打つ

1 Case概要

　小学校4年生のシマくんは、特別支援学級に通う男の子です。知能水準は境界域で、診断名は特にありません。文字を読んだり、書くことは苦手でしたが、工作などつくったりする活動は好んでやりました。また、プラスチック製の組み立てブロックやヒーローもののキャラクターが好きでした。授業中、先生が話しているときに、手を挙げずに発言してしまうといった衝動的なところや、気になってしまう方をついみてしまうなど注意が逸れてしまう様子がたびたびみられました。発言するときには手を挙げるように声かけすると、その場では一、二度手を挙げることができるのですが、次の授業時間にな

ると手も挙げずについつい発言してしまうといったことの繰り返しでした。また、難しい問題を出されると、説明をされても、「もういやだ」と言ってふてくされたり、「ベロベロバー」と言ってふざけたり、先生を馬鹿にするような言動も頻繁にありました。言葉遣いが悪くなるときもあり、突然「きもい」と言うこともありました。

2 アセスメント

　個別指導の際に、シマくんに「きもい」などの不適切な言葉は使ってよいか悪いか、そして言われた相手はどのような思いになるか尋ねたところ、適切な返答がありました。つまり、シマくんは善悪の判断ができ、適切な言葉遣いや相手がどう思うかもわかっていながら、不適切な言動をしてしまうことがわかりました。また、不適切な言葉を使った後は怒られるということも、わかっていました。
　シマくんの授業中の様子を行動観察しました。

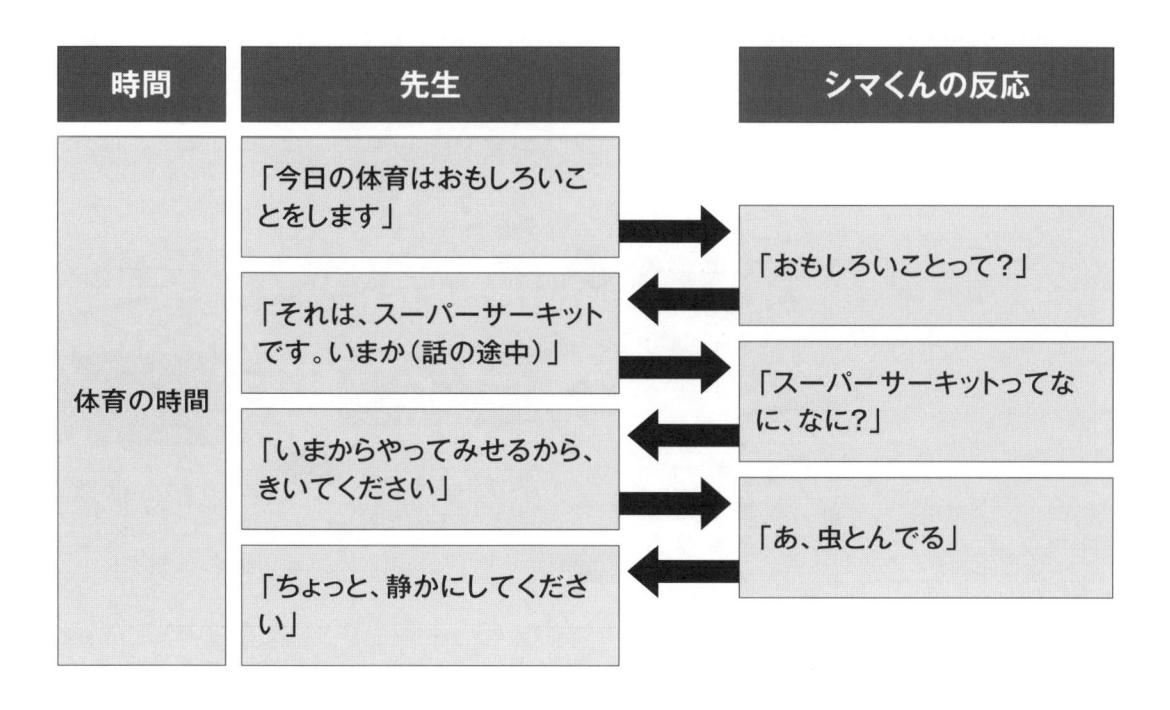

時間	先生	シマくんの反応
体育の時間	「今日の体育はおもしろいことをします」	「おもしろいことって?」
	「それは、スーパーサーキットです。いまか（話の途中）」	「スーパーサーキットってなに、なに?」
	「いまからやってみせるから、きいてください」	「あ、虫とんでる」
	「ちょっと、静かにしてください」	

Case 18　衝動的に発言してしまうシマくん

　直接観察した個々の発言は、その内容やきっかけとの関係から、大きく3つのパターンがありました。すなわち、①先生や友だちの話を聞いた後の話題に関連した発言、②話題に関連してはいますが、相手の話を最後まで聞かずに行う発言、③目に映ったことや耳に入った話題にはあまり関連がない発言、の3つでした。そして、①の発言への対応には、シマくんの発言を先生が拾って話をうまく広げることが多くみられました。②の発言への対応には、先生が時々その発言を拾って話を広げたり、静かにするように注意することがみられました。そして、③の発言への対応は、おおよそ静かにするように注意していました。先生が注意した後は、その場はいったん静かになるものの、しばらくすると勝手に発言してしまうことや、おちゃらけたり、不適切な言葉を言うことがみられました。

　1つの授業あたりの発言回数をカウントしたところ、30回前後ありました。

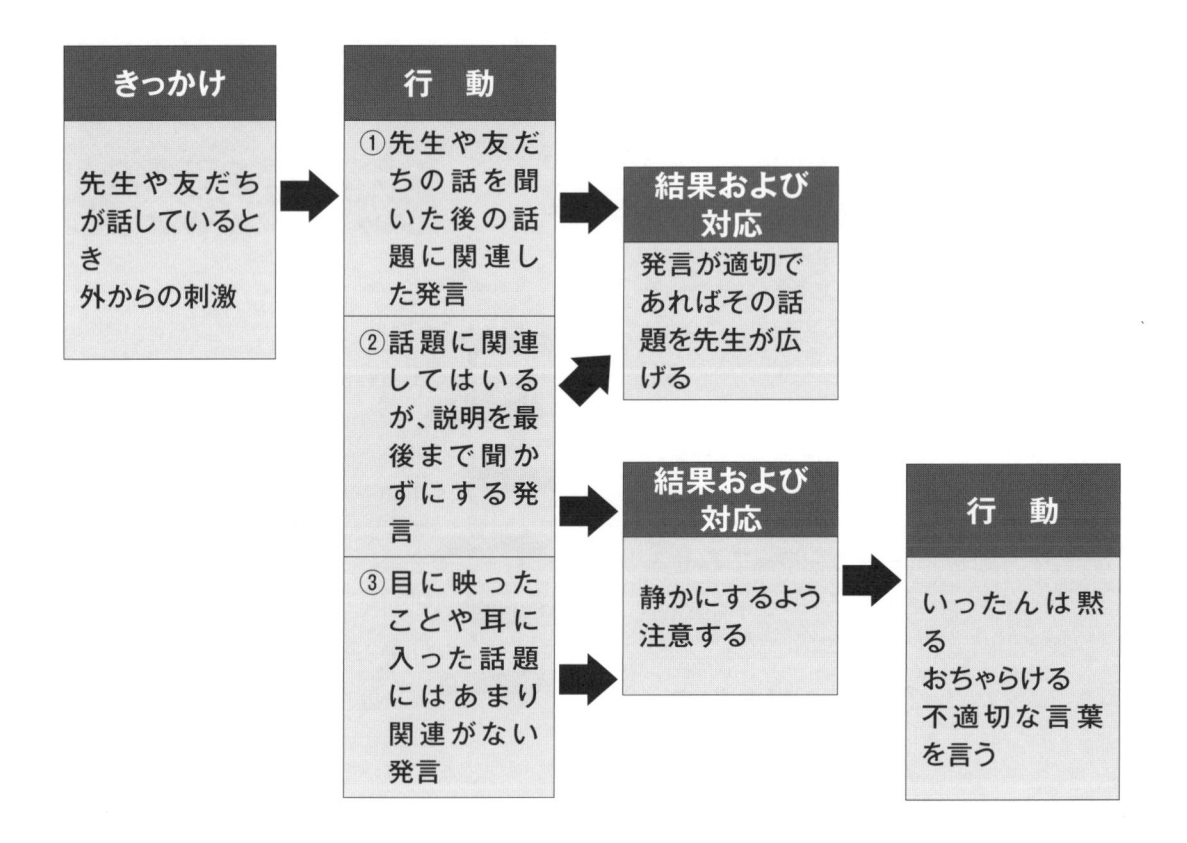

きっかけ	行動	結果および対応	行動
先生や友だちが話しているとき 外からの刺激	①先生や友だちの話を聞いた後の話題に関連した発言	発言が適切であればその話題を先生が広げる	
	②話題に関連してはいるが、説明を最後まで聞かずにする発言		
	③目に映ったことや耳に入った話題にはあまり関連がない発言	静かにするよう注意する	いったんは黙る おちゃらける 不適切な言葉を言う

3 アセスメントを受けて、シマくんへの支援のポイント

　シマくんは、タイミングを見計らって発言することが苦手なようです。友だちや先生の話、あるいはたまたま目に入ったり耳に入ったちょっとした刺激に反応して、発言をしてもよいタイミングでなくても、すぐに発言をしてしまいます。発言をしてもよいかどうかを判断する力をつけることが必要になりますが、判断をする時間さえなく行動しているシマくんに、今すぐ、この力をつけるのは難しいようです。そこで、発言するきっかけを他者の行動に限定し、そこに発言するタイミングを合わせることを目標としました。

4 シマくんへの支援方法

　外部からのさまざまな刺激に対して状況にかかわらず、すぐに発言してしまうシマくんに対して、その行動を一定時間先送りにする力をつけることを支援目標としました。このように自ら行動をコントロールする力を高めることに、セルフマネジメント手続きが効果を発揮する場合があります。これは、目標とした行動ができたかどうかを自分で記録したり評価したり、時には目標とした行動をきちんと行った場合に、ご褒美を自分であげるやり方です。

　シマくんには、このセルフマネジメント手続きを用いて、行動をコントロールする力を育むよう指導してみました。

　この手続きを、「げっとげっとゲーム」と名づけました。1分間に1回の割合で、小さなアラーム音が鳴るタイマーをシマくんのみえないところに置きました。そのうえで、①アラーム音が鳴ったときに、先生が話ししている場合に黙っている、②アラーム音が鳴った時に、先生の話が終わっている場合に、発言をする、という2つができたかどうかを本人が評価することとしました。本人評価の結果によって、双六のマスが進めることにしました。たとえ、評価が正しくできていないとしても本人の評価によって、進めるマスの数は決めました。そのうえで、先生が正しく評価できたかどうかフィードバッ

Case 18　衝動的に発言してしまうシマくん

クをすることとしました。正しく評価できていた場合には、さらに2マス進むことができました。アラーム音を鳴らす割合は、1分に1回の程度から3分、5分と徐々に伸ばしていきました。ゴールについた場合は、組み立てることができるプラスチック製の組み立てブロックのパーツを1つずつ渡すこととしました。

　最初は、4つのパーツを集めると1つのものができ上がる程度にしました。これも徐々に、たくさんのパーツを集めないとでき上がらないようにしていきました。

げっとげっとゲーム

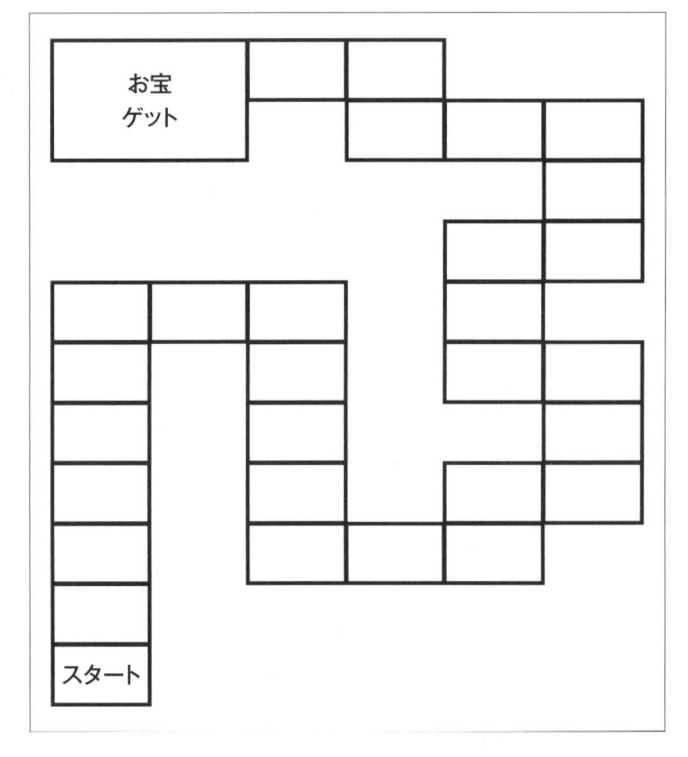

げっとげっとゲームのやくそく

❶アラームがなったときに、せんせいがおはなしをしているばあい→だまっている

❷アラームがなったときに、せんせいのおはなしがおわっているばあい→はつげんをする

どちらかができていたら、2つすすめる。
できていたかどうか、ただしくいえたら、さらに2つすすめる。

★どうしてもおはなしがしたいときには「おはなししてもよいですか」と言う

5　シマくんへの支援の効果

　半年くらい、この手続きを継続したところ、授業中4〜5回の評価機会で先生の話を最後まで聞き、また許可を求めることもできるようになってきました。この手続きをな

くした条件でも適切に振る舞うこともみられたのですが、連続すると頻度は少ないものの勝手に発言するので、この手続きをうまく取り入れながらの授業が続きました。シマくんもこの取り組みを楽しみにしているところもあったので、なくしていくのではなく、それを継続しながら、評価機会を少なくしていく方針にしました。また、徐々にアラームが鳴ったら、自分で評価して、コマも自分で動かすようにしていきました。最初のころは、アラームが鳴っても、気づくことがなかったのですが、アラームが鳴った際に「あれ、今、鳴ったかな？」と声かけし、その声かけのタイミングを徐々に遅らせていくことで、アラームが鳴ると自ら評価してコマを進めるようになりました。

ほかの授業場面では、衝動的な発言はまったくなくなったわけではありませんが、以前よりも少なくなりました。また、先生を馬鹿にするような発言もほとんどなくなりました。しかし、友だちとやりとりする場面や自分の苦手な教科の場面では、言葉遣いが荒くなったり、おちゃらけてしまう様子が残っています。

6 シマくんへの支援のまとめ

このケースでは、衝動性の高い子どもに対しセルフマネジメント手続きを用い、主に行動をコントロールする力の向上を目指したわけですが、ほかの場面での衝動的な言動にまだまだ改善の余地があり、今後の課題として残っています。他の場面でも同じような手続きを用いられるように、工夫していく必要があります。

衝動的な行動をしてしまう子どもの場合、すべての場面で我慢させるといったことは現実的に不可能であると思いますし、その子のよさをなくしてしまうおそれもあります。シマくんの場合も、いろいろな発言のなかにはすばらしい意見がありましたし、積極的な発言は授業を活性化させるのに役立ちます。ですから、問題は何かということを見極めることが重要で、その点を考慮した支援方法を考えなければなりません。

（五十嵐　一徳）

Case19
グループホームで物を投げるコウタさん

このCaseで用いるアセスメントを生かす支援の視点
5 先手を打つ
6 物理的な環境を変える

1 Case 概要

　コウタさんは、38歳の大柄な男性です。知的障害を伴う広汎性発達障害と診断されています。人懐っこく、知っている人には自分から話しかけて、会話を楽しむこともできます。手先も器用で、大好きな料理では、おにぎりを握ったり、料理の盛り付けを工夫できます。

　月曜日から金曜日は、作業所で働いています。食品加工と公園清掃が主な仕事です。9時から16時までを作業所で過ごします。そのあと、月曜日から木曜日までは、グループホームで過ごし、金曜日に仕事が終わると、作業所から1時間半くらいかかる自宅ま

で、1人で電車を乗り継いで帰ります。作業所には、24歳から勤めています。グループホームには、30歳で入居しました。1階に男性3名、2階に女性2名が暮らしています。寮母さんは、8年間で4人交代し、今の方が1番長く勤めていて4年目に入ったところです。知的障害者のグループホームの仕事は初めてだという50代半ばの女性です。寮母さんは、週末だけ自宅に帰りますが、それ以外の日は、グループホームの1階の自分の部屋で生活をしています。食事は、寮母さんがつくり、全員でとります。

　これまで、作業所でもグループホームでも問題なく過ごしてきたコウタさんですが、寮母さんの勤務が4年目に入ったころから、ふとしたときに、グループホームでカップや電話の子機など手近の物を投げるようになりました。テーブルをひっくり返したり、ドアを蹴飛ばして壊したこともあります。物を誰かに投げつけることはありませんが、寮母さんにつかみかかることも時々あります。ちょうどこのころ、ホームの中の1人の女性が車いすでの生活を余儀なくされ、寮母さんがこの女性の介護にあたる時間が増えていました。

2 アセスメント

　朝、作業所に出かける前は、コウタさんが物を投げることはないようです。作業所からの帰宅後、物を投げることがどのように起こるのか見極めるために、1日1枚ずつの記録用紙を使って2週間程度、記録をとりました。行動が生起して、いったん終わるまでを1エピソードとして、その時間帯で生起した順番で数字を記入しました。この日は、夕食後、2名の女性がリビングにいて、コウタさんはパズルをしていましたが、いきなりその机を倒しました。寮母さんが注意をして、ほかの人と一緒にその場を離れると、手近にある物を投げ、最後には寮母さんを追いかけてつかみかかってしまいました。

Case 19　グループホームで物を投げるコウタさん

時間	行動			きっかけ			周囲の対応			備考
	物を投げる	物を蹴飛ばす	寮母につかみかかる	寮母からの声掛け	寮母の他者との関わり	不明	その場から離れる	制止	注意	放っておく	
16:30											帰宅後、部屋で過ごす
17:00											寮母さんが食事をつくるキッチンをうろうろする
17:30											寮母さんが食事をつくるキッチンをうろうろする
18:00											入浴
18:30											夕食
19:00											夕食の片づけ、自宅へ電話
19:30	1、2	2		2	1、2		2		2	1	女性2名と寮母さんとリビングで過ごす
20:00	3	3	3	3	3		3		3		女性2名と寮母さんとリビングで過ごす
20:30											部屋に戻る
21:00											就寝

3　アセスメントを受けて、コウタさんへの支援のポイント

　グループホームでの日課は、ほとんど毎日同じです。2週間の記録から、食事の用意をしている寮母さんと2人でいる時間は、物を投げる行動はほとんど起こらず、食後に他の人と一緒に過ごす時間に物を投げたり、蹴ったり、ときには寮母さんにつかみかかることもあるとわかりました。2週間で12回、こうしたことが起こりました。部屋で過ごすように寮母さんから言われると、いったんは部屋に戻るものの、5分から10分程度

でリビングに戻ってきてしまうようです。就寝の時間に入室することを渋り、寮母さんが自室に入ってようやく入室する様子もみられました。週に2日、アルバイトの学生が入っている日は、物を投げる行動がみられないこともわかりました。

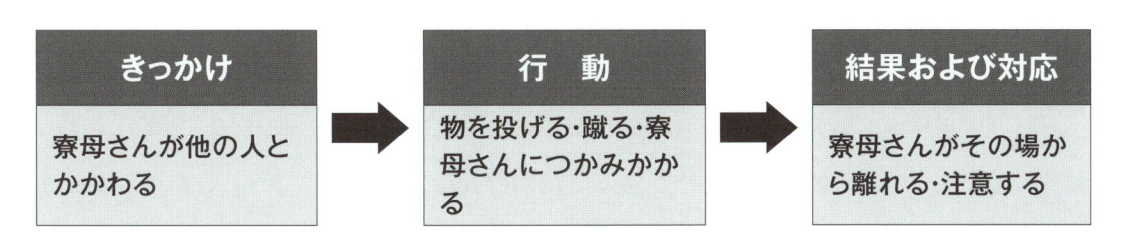

きっかけ	行　動	結果および対応
寮母さんが他の人とかかわる	物を投げる・蹴る・寮母さんにつかみかかる	寮母さんがその場から離れる・注意する

　コウタさんは寮母さんを独り占めしたい、寮母さんとかかわりたい、といった要求が強いことがわかってきました。食後のゆったりとした時間、ほかの利用者とどう過ごしていいのかわからないのかもしれません。しかし、ほかの人も寮母さんと一緒に過ごしたいので、コウタさんが独り占めすることはなかなか難しいようです。また、コウタさんは自室ではほとんど何もしないこともわかりました。そこで、食後、コウタさんがリビング以外で過ごすことができれば、物を投げる行為は予防できるのではないかという仮説を立てました。

4 コウタさんへの支援方法

　アセスメントを受けて、ほかの人がリビングで過ごしている時間、コウタさんは別のことをして過ごし、ほかの人が入室した後に寮母さんと過ごすことができるちょっとした時間を設けるといったスケジュールの調整を行いました。部屋では、なかなか1人で時間を過ごすことができないコウタさんでしたが、夕食後にこれまでにも時々1人で行っていた散歩に行くことを日課としました。そして、散歩に行ったら、コンビニエンスストアで、缶コーヒーを2本、買ってくることとしました。散歩から戻って、ほかの人が入室した後に、寮母さんと一緒に買ってきた缶コーヒーを飲んで就寝するという日課に変更しました。

Case 19　グループホームで物を投げるコウタさん

きっかけ	行　動	結果および対応
夕食後、寮母さんがほかの人とかかわる	散歩に行く缶コーヒーを買ってくる	ほかの人の入室後、寮母さんと缶コーヒーを飲む

　また、アルバイトの人がいるときはコウタさんが物を投げないことから、アルバイトの勤務日数を増やすことができるのか、あるいは別の寮母さんと交代できる日があるかどうか、寮母さんやグループホームの管理者と話し合いをしました。アルバイトの勤務日数を増やすことはできませんでしたが、コウタさんが誰かにけがを負わせてしまうかもしれないという危惧から、アルバイトがいない日には、別のグループホームの寮母さんと交代できるようになりました。だいたい週に2日、寮母さんが交代することが決まりました。

5 コウタさんへの支援の効果と修正

　寮母さんの交代の準備が整う前に、日課の変更を行いました。コウタさんは、夕食後の日課が変わったことに戸惑いをみせました。そのために、初日はアルバイト学生と一緒に散歩に出ることにしました。コウタさんは、寮母さんと2人で買ってきた缶コーヒーをゆっくり飲むことができることがわかり、次の日からは、往復40分くらいの散歩に「いってきまーす」と、元気に自ら出かけていくようになりました。夕食後の日課を変更してから、夕食後にコウタさんが物を投げることはなくなりました。それ以外の時間には、週に1、2回程度、物を投げることが起こりましたが、寮母さんにつかみかかることはみられなくなりました。

　そうこうしているうちに、散歩に行ったコウタさんがあっという間に帰ってくるようになりました。早く寮母さんと2人で缶コーヒーを飲みたくて、近くの自動販売機で買ってきたようです。そうすると、リビングでほかの人と楽しそうに過ごしている寮母さんの姿が目に入ります。その日は、久しぶりに寮母さんにつかみかかってしまったようです。そこで、缶コーヒーを買う以外の散歩の別の目的を考えることが必要となってきました。

コウタさんは、ほとんど毎日、グループホームの固定電話から自宅に電話をかけていました。なかなか終わりにできずに、お金がかかったり、他の人の迷惑にもなっていました。そこで、散歩の途中の公衆電話で、自宅に電話をかける日課を追加しました。一定料金しか持たずに出かけるために、時間の調整ができました。こうした修正により、散歩の時間は1時間くらいになりました。支援開始から1か月半が過ぎたころ、寮母さんの交代の準備が整いました。これにより、コウタさんの物を投げる行為は1か月に1回あるかないか、といった具合に減ってきました。

6 コウタさんへの支援のまとめ

　コウタさんが、物を投げる行動をみせるようになってからすぐ、グループホームの管理者は、コウタさんの両親に投薬を勧めました。お願いしている立場の両親は、かかりつけの医者に行き、これまで全く飲んだことのなかった薬を飲み始めました。肝心な物を投げる行動には変化がなかったものの、作業中も寝てしまったり、よだれを垂らすことが多くなったり、歩き方が遅くなったようです。そうしたコウタさんの様子の変化に、両親がたまらず、相談にみえました。

　寮母さんは献身的に勤められている人で、決してコウタさんへの対応が悪いということではありませんでした。しかし、コウタさんとの心的距離が近くなるにつれ、独り占めしたいコウタさんが物を投げて寮母さんの関心を引くようになっていたのかもしれません。作業所でも自宅でも、物を投げる行動はいっさいみられなかったことからも、寮母さんと一定の距離を置くことによって、関係性の再構築を試みました。ここでは、一緒にいる時間を減らすという物理的な操作を行っているために、コウタさんが寮母さんとの適切なかかわり方を学んだことにはなりません。実際にこれまでと同じ日課に戻したり、寮母さんの交代がない場合に、物を投げる行動が現れるかどうかは定かではありません。また、時間の経過とともに、交代した寮母さんやアルバイトの人との関係が今回と同じものになる可能性があります。散歩以外にコウタさんが1人で楽しめるものを探したり、ほかの利用者と楽しめる活動を探すことも、今後、必要になってきます。

（小笠原　恵）

Case20
自分の思いどおりにならないとパニックを起こすアキラくん

このCaseで用いるアセスメントを生かす支援の視点
5 先手を打つ
6 物理的な環境を変える

1 Case概要

　アキラくんは特別支援学校中学部1年生で、知的障害を伴う自閉症と診断されています。他地域の学校から新入生として中学部に入学しました。新しい環境で、初めての友だちのなかでしたが、日々学校生活に慣れていき、日課には落ち着いて取り組むことができました。

　しかし、お気に入りの物を使うと、それを止めるのが難しい状況でした。たとえば、朝の会で使うマイクはその反響が楽しく、なかなか次の活動に取りかかれなくなります。そこで、先生は教師机にマイクを片づけました。すると、アキラくんは先生の引き出しを勝手に開けておもちゃを取り出して遊んでいました。先生が制止すると、激しいパニックを起こしてしまいました。

　アキラくんのパニックは大変激しく、周囲の壁やガラスなどにぶつかることもあり、

大きな怪我につながりかねない状況でした。また、周囲の友だちの安全も心配でした。午前中の活動時間のすべてがつぶれてしまうこともありました。思うどおりにならないときにパニックを起こすようですが、いつ起こるか分からないパニックに先生は緊張して過ごさざるを得ない状況でした。

2 アセスメント

アキラくんのパニックがどのような状況や結果のなかで起きるのかを調べるために、時間割を用いて記録をしてみました。

活動内容	時　間	月	火	水	木	金
登　校	8:40					
着替え	8:40〜					
自由時間	8:50〜	■	■	■	□	□
朝の会	9:00〜					
1時間目	9:10〜					
2時間目	10:00〜					
3時間目	10:50〜					
4時間目	11:40〜					
給食準備	12:25〜					
給　食	12:35〜		□			□
昼休み	13:05〜	■	□	□	□	□
5時間目	13:20〜					
6時間目	14:10〜					
掃　除	14:55〜					
着替え	15:05〜					
自由時間	15:10〜	□	■	□	■	■
帰りの会	15:15〜					
下　校	15:25					

□パニックを起こすが声かけで治まる　　■長く続くパニック

Case 20 自分の思いどおりにならないとパニックを起こすアキラくん

　アセスメントの結果、アキラくんのパニックは、朝と帰りの自由時間や昼休みに多いことが分かりました。自由時間は、個別の支援が必要な生徒に先生が対応するために、1人で過ごせるアキラくんは放っておかれます。そんなときに、教師机に片づけてある物を勝手に取り出し、それを先生から注意されるとパニックにつながりました。また、給食で嫌いなものを「食べなさい」と促されたときにも起きました。一方、授業中にはパニックになることはほとんどありませんでした。

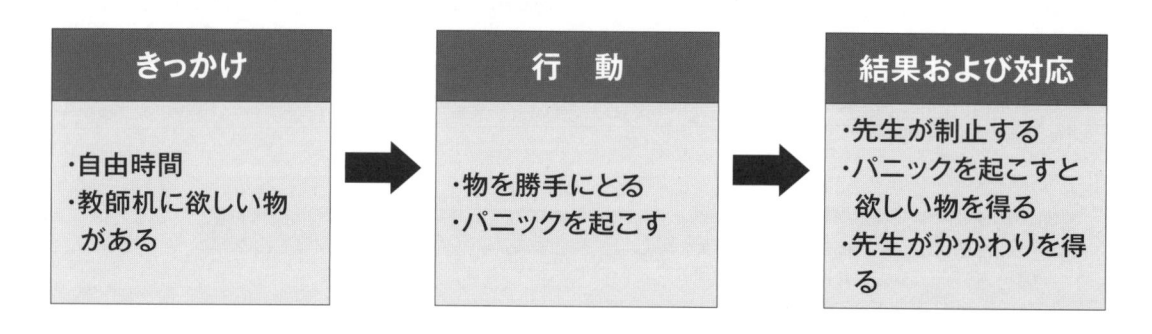

きっかけ	行　動	結果および対応
・自由時間 ・教師机に欲しい物がある	・物を勝手にとる ・パニックを起こす	・先生が制止する ・パニックを起こすと欲しい物を得る ・先生がかかわりを得る

3 アセスメントを受けて、アキラくんへの支援のポイント

　アキラくんは、1人で過ごす自由時間に、教師机から勝手に欲しい物を取り出し、それを制止されるとパニックを起こし、その結果、欲しい物を得たり、先生のかかわりを得ていました。そこで、アキラくんが教師机から欲しい物を勝手にとるのではなく、先生に要求してから、それを得ることを教えれば、先生は制止しなくて済みます。すなわち、アキラくんはパニックを起こさなくても済むようになると思われます。

4 アキラくんへの支援方法

　アセスメントを受けて、アキラくんに欲しい物を先生に要求して得るように支援するために、先生の位置を検討しました。これまで、先生はほかの生徒に対応するために、教室内の位置は決まっていませんでした。しかし、アキラくんに要求を教えるには、先生の位置を決めると分かりやすくなります。そこで、自由時間には副担任の先生が机の横に座るようにしました。

　そして、アキラくんが机に来たら、副担任が「かしてください」とモデルし、アキラくんがそれを言ったら、物を貸してあげるようにしました。そして、副担任が一緒にかかわることにしました。

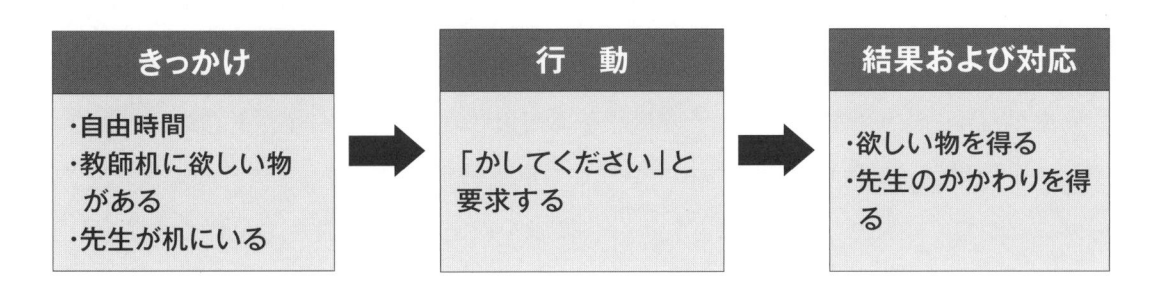

きっかけ	行　動	結果および対応
・自由時間 ・教師机に欲しい物がある ・先生が机にいる	「かしてください」と要求する	・欲しい物を得る ・先生のかかわりを得る

5 アキラくんへの支援の効果と修正

　このような支援を始めると、最初は先生の「かしてください」のモデルでパニックを起こしましたが、次第に要求ができるようになるとパニックは減ってきました。欲しい物が片づけられている机の横に副担任がいることで、アキラくんが机に近づくと、すぐにモデルすることができました。すると、アキラくんは「かしてください」と言って、欲しい物を手に入れ、副担任とかかわることができました。先生は制止をしないので、パニックのきっかけがなくなったようです。アキラくんも、「かしてください」と言うことで、欲しい物が得られ、先生のかかわりも得られるので、パニックによってそれらを獲得する必要もなくなったようです。

Case 20　自分の思いどおりにならないとパニックを起こすアキラくん

　アキラくんの様子が落ち着いてきたので、先生はこれまでアキラくんに控えていた促しをしてみることにしました。それは、おもちゃ遊びを始めるときには、「朝の会が始まったら片付けようね」という促しなどです。また、活動を始める前に、タイマーを渡し、区切りの見通しをもたせるようにしました。すると、遊びの終わりの切り替えも徐々にできるようになってきました。

　アキラくんの変容に、クラスの友だちもしだいに落ち着いてきました。当初、アキラくんを怖がっている様子の友だちでしたが、自由時間にアキラくんに声をかけたり、一緒に遊んだりする様子がみられるようになってきました。

6 アキラくんへの支援のまとめ

　アセスメントから、アキラくんのパニックはすることやかかわりのない状況で、欲しい物を得たり、かかわりを得たりする機能を果たしていることがわかりました。そこで、パニックの代わりに欲しい物を得る「かしてください」を教えることで、パニックを減らすことができました。それができたのは、要求を教えるための先生の位置です。もし、先生が机の横にいなければ、これまでどおり、アキラくんは勝手に欲しい物をとり、先生はそれを制止し、それがパニックにつながったでしょう。しかし、欲しい物が入れてある机の横に先生がいることで、モデルを示すことができ、それによってアキラくんに要求を教えることができました。それによって、アキラくんも伝える手段を獲得し、先生とのコミュニケーションができるようになりました。

　アキラくんは、結果的に自分勝手な行動をとってしまったが故に注意を受け、パニックになってしまうという事例でした。これまでは、思いどおりにならないと、パニックを起こすしかできなかった訳です。先生の方も、そのパニックになす術がない状況でした。お互い、コミュニケーションはできず、すれ違います。安心した学校生活はほど遠いものです。

　しかし、そのパニックに理由があることを知れば、そこでどう伝えればよいかを教えるチャンスになります。私たちは、こうした行動の理由を知り、生徒の力を伸ばしてい

くことが大切な教育的支援になると実感しています。それを実現するために、物理的な環境設定をうまく工夫することが重要だと思います。

(西脇 熱士)

セルフマネジメント

　セルフマネジメントとは、自分が前もって設定した目標に向かう間、継続的な他者からの援助や指示なしで、その目標が達成されるよう自分で自分の行動を管理するスキルのことをさす。セルフマネジメントの下位のスキルとして、自己教示、自己記録、自己監視、自己評価、自己強化、自己罰などがある。
　自己教示とは、目標とした行動の遂行に自らがプロンプトを呈示することをいう。
　自己記録とは、狙いとした行動の生起の有無やその質および量などに関して自ら記録することを指す。
　さらに、自己監視とは、ねらいとした行動の監視を自らが行うことである。
　ねらいとした行動基準とその人自らが行った行動とを比較することを自己評価という。
　最後に、目標とした行動が基準に達した場合、あるいは完遂できた場合に、自ら強化することを自己強化、罰することを自己罰という。

期末テスト前の中学生のセルフマネジメント

　日曜日は、朝6時から勉強をしようと決めて、前夜、目覚まし時計をセットした（自己教示）。朝、予定通りに起きて、今日やろうと思っている勉強の予定を書いて、机のよく見えるところに貼りつけた（自己教示）。1つずつ、予定の勉強が終わるたびに、予定表の該当するところに線を引いた（自己記録）。問題集の答え合わせをするときに、自分の答えを口に出しながら（自己監視）、赤ペンで、正答には○、誤答には×を書いた（自己評価）。予定では、夕食前にすべての勉強を終わっているはずだったのに、英語の問題集が終わらなかったために、夕食後も1時間勉強をした（自己罰）。すべて終わったときに、学校に提出しなければいけない家庭学習ファイルに、今日のトータルの勉強時間を記入し（自己記録）、感想文を書いた（自己評価）。すべての予定が終わったので、大好きな漫画を読んで寝た（自己強化）。

Case21
授業に参加できないナミさん

このCaseで用いるアセスメントを生かす支援の視点
5 先手を打つ
6 物理的な環境を変える

1 Case 概要

　ナミさんは、知的障害特別支援学校中学部2年生の女の子です。自閉症と診断されています。欲しい物があるときには近くにいる大人の手を動かします。また、両手を合わせるサインでやりたいことなどを伝えることもあります。

　ナミさんのクラスの生徒は6人で、担任の先生は2人です。そのほかに日替わりで非常勤の先生が来ています。ナミさんのクラスには、さまざまな発達段階の生徒がおり、先生はそれぞれ個別に対応しています。

　ナミさんは、興味のあるものに突進したり、授業中にはなかなか席についていられず床に寝転がったりすることが多く、その都度先生が抱え起こして席に着くように促しました。先生はナミさんが飛び出そうとすると手をひいて止めたり、横でナミさんの好きなお絵かきやシール貼りを一緒にしたりしながら、何とか授業中は椅子に座ってもらお

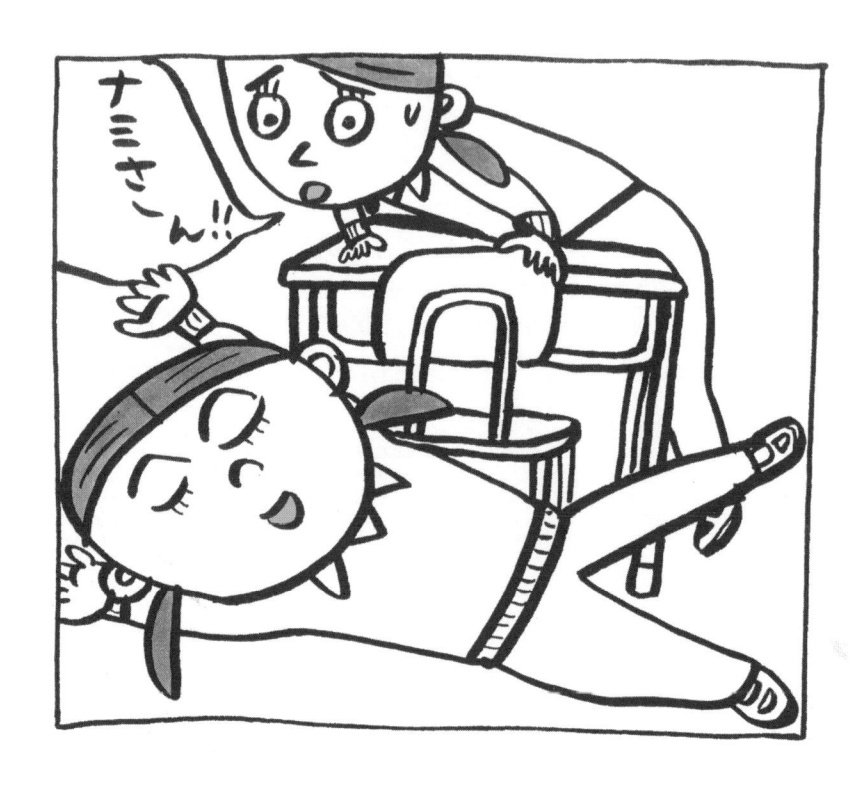

うとしました。しかし、中学生になり体も大きく力も強くなってきたナミさんには、なかなかかなわないことが多かったようです。

2 アセスメント

　ナミさんは、先生と個別の課題に取り組むことができるのですが、クラス全体で行う活動にはなかなか参加できませんでした。そこで年間をとおして行っているボウリングゲーム活動の授業を取り上げて、ナミさんにどのくらいの活動機会があり、どのような支援で参加できているのか、さらにどの場面でナミさんの寝ころびや離席が起こっているのかを確認しました。

		タケト	コウジ	マリコ	サトシ	ナミ	ヨシオ
準備×6回	サトシにカードを届けるように促す		◎				
	写真カードをヨシオに届ける				○		
	名前を呼ぶ						○
	写真カードを得点表に貼る						○
投球・数える×6回	名前を呼ばれたら前に出る	◎	◎	◎	△	○	◎
	①投球ラインでボールを持つ	◎	◎	◎	○	△	◎
	②ピンの横に立つ	◎	◎	◎			
	②投げる方向を伝える	◎	◎	◎			
	「せーの1、2、3」のかけ声をかける	◎	◎	◎			
	①ボールを投げる	◎	◎	◎	◎	○	◎
	ボールを投げる	◎	◎	◎			○
	ボールを拾ってかごに戻す	◎	◎	◎			
	②ピンを立てる	◎	◎	◎			
	合計点を計算して得点表に記入する	○	○	○			
	得点を発表する	◎	◎	◎			
準備	司会「もう一回やります」				◎		
	写真カードを得点表から外す				◎		
振り返り	合計得点を記入する	○	○	○			
	結果発表をする				◎		
	感想を言う	◎	◎	◎			

□活動があるところ　　■活動がないところ
◎1人でできる　　○声かけや指差しがあればできる　　△先生や友だちと一緒にできる

Case 21　授業に参加できないナミさん

3　アセスメントを受けて、ナミさんへの支援のポイント

　アセスメントの結果、ナミさんにとって何も活動することのない待ち時間が多くありました。この待ち時間に床に寝ころぶことや離席するなどの行動を起こし、その結果として先生に起こされたり声をかけられたり、シール貼りなどのナミさんができる個別の机上課題を呈示されていました。活動するときも、1人ではできないことがあると、その都度先生が個別に対応をしていました。また、ゲーム内でボールを投げても、その結果をわかりやすく確認する機会がありません。

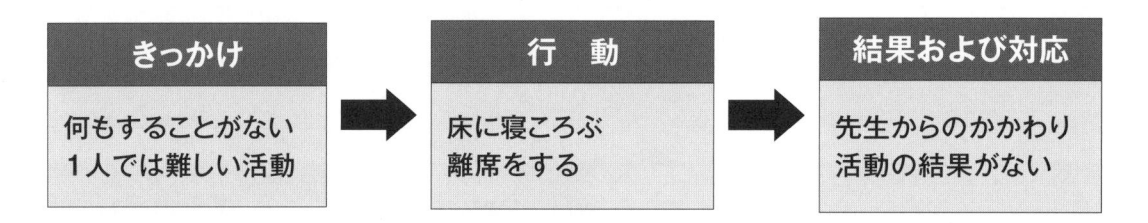

きっかけ	行　動	結果および対応
何もすることがない 1人では難しい活動	床に寝ころぶ 離席をする	先生からのかかわり 活動の結果がない

　このことから、「何もすることがない」時間を減らして、ナミさんが1人でできるような活動を設定することで、ナミさんは床に寝ころんだり離席したりせずに済むと思われます。また、活動することで先生や友だちのかかわりを得たり、活動の結果がわかりやすく呈示されたりすれば、ナミさんの授業参加が促進されると考えました。

4　ナミさんへの支援方法

　ナミさんが1人でできる活動機会を増やしました。授業の流れを見直し、先生の行っていた役割を生徒に任せることにしました。そして、これまで一部の生徒がやっていた活動をナミさんたちも交代で行うことにし、1人が倒れたピンを上げてみせて、それをみてみんなで数えたり、チームのもう1人が点数表にマグネットを貼ったりといった、協力して行う活動として設定しました。先生は個別につくのではなく、点数表やピンの横など各ポイントにいて、活動が難しそうなときに声かけや指差しを行うようにしました。また、お喋りの上手な生徒には友だちへの応援・賞賛・励ましといった「声かけリ

スト」を呈示して、ナミさんを含めた友だちへの声かけを促しました。

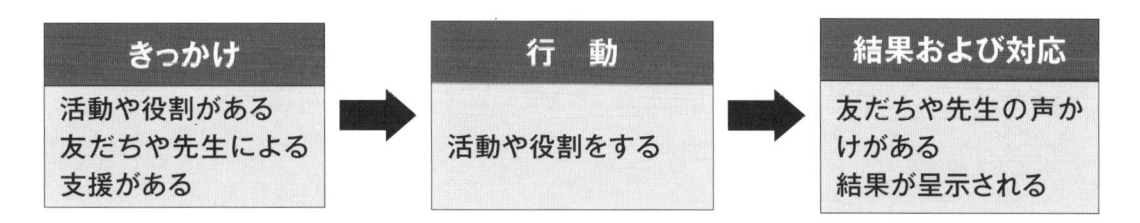

きっかけ	→	行　動	→	結果および対応
活動や役割がある 友だちや先生による支援がある		活動や役割をする		友だちや先生の声かけがある 結果が呈示される

　また、ナミさんが活動しやすいように物理的な環境を変えました。授業においていつまでも先生の個別支援を必要とする場面については、環境設定を変えたりツールを用意したりしました。以前は飛び出しを防ぐために使用されていた個人机も、活動への取りかかりへの妨げになってしまっていたため、撤去して椅子のみにしました。また、マグネットを貼ったりピンを上げたりするときに友だちの方をみやすく立てるようにするため、その場所に足形を置きました。先生が呼んで場所を移動していたところは、友だちから指し棒などのグッズを渡すようにし、それを手がかりに移動できるようにしました。

5　ナミさんへの支援の効果

　活動機会を増やしたばかりのころは、先生の呼びかけに応じたり個別支援を受けながら行っていることが多かったのですが、段々と友だちの様子をみたり、友だちの呼びかけに応じたりしながら活動できるようになってきました。また、ナミさんの授業中の寝ころびや離席はほとんどなくなり、ピンの倒れる様子をじっとみたり、手をひらひらさせて応援したりするような姿もみられるようになりました。ナミさんだけでなくそのほかの生徒も離席や泣くなどの行動がまったくみられなくなり、自分から友だちの肩をたたいたり覗き込んだり、かかわろうとする様子がみられるようになりました。

Case 21　授業に参加できないナミさん

		タケト	コウジ	マリコ	サトシ	ナミ	ヨシオ
準備×6回	サトシにカードを届けるように促す		◎				
	写真カードをヨシオに届ける				◎		
	名前を呼ぶ						○
	写真カードを得点表に貼る						◎
投球・数える×6回	名前を呼ばれたら前に出る	◎	◎	◎	○	○	◎
	①投球ラインでボールを持つ	◎	◎	◎	○	○	◎
	②ピンの横に立つ	◎	◎	◎	○	○	◎
	②投げる方向をポインティングする	◎	◎	◎	○	○	◎
	「せーの1、2、3」の掛け声をかける	◎	◎	◎			◎
	①ボールを投げる	◎	◎	◎	◎	◎	◎
	①得点表前に立つ	◎	◎	◎	○	○	◎
	ボールを拾ってかごに戻す	◎	◎	◎			◎
	②倒れたピンを拾って上にあげる	◎	◎	◎	○	○	◎
	①上げられたピンを見てマグネットを貼る	◎	◎	◎	○	○	◎
	②ピンを立てる	◎	◎	◎	○	○	◎
	合計点を計算して得点表に記入する	◎	◎	◎			
	得点を発表する	◎	◎	◎			
準備	司会「もう一回やります」	◎	◎	◎			
	写真カードを得点表から外す	◎	◎	◎			
振り返り	合計得点を記入する	◎	◎	◎			
	結果発表をする	◎	◎	◎			
	感想を発表する	◎	◎	◎	△	△	△
	感想シートをMTのところに取りに行く	◎	◎	◎			
	点数を書くよう友だちに依頼する	◎	◎	◎	○	△	○
	友だちに依頼された神に点数を書く	◎	◎	◎			
	感想シートを記入する	◎	◎	◎	○	◎	◎
	MTのところに持って行く	◎	◎	◎	○	◎	○

□活動があるところ　　■活動がないところ
◎1人でできる　　○声かけや指差しがあればできる　　△先生や友だちと一緒にできる

　最初から授業には参加できていた生徒たちにも変化がありました。彼らにはもともと友だちにかかわろうとする姿はあったのですが、役割や活動によるものを通じてさらにかかわりが増え、自発的なかかわりについても、一方的なものではなく相手からの応答のあるものややりとりの生じるものに変わっていきました。

　ゲーム活動の授業への参加ができるようになったナミさんですが、そのほかの場面でも変化がありました。1日をとおしてみると、クラスでの机上学習では、寝ころびがほ

とんどなくなり、友だちの発言や前での先生や友だちたちの発表にも目を向けるようになりました。そのほかの場面でも、先生がそばにいなくても、友だちから声をかけられたときに応じて移動したり活動したりする様子がみられるようになりました。最初はゲーム活動でのペアの友だちに対して応えることが多かったのですが、ほかの友だちからのかかわりが増えるにつれて、一緒に行動したり並んだりする姿が多くみられました。

6 ナミさんへの支援のまとめ

　ナミさんへの支援では、授業での参加のアセスメントの結果から、「何もすることがない」時間や1人でできる活動がないことが、逸脱行動につながっていることがわかりました。そこで、何もすることがない「待ち時間」を減らし、ナミさんが1人でできるような活動機会を設定することや、活動したことに対する注目や評価される機会を設定しました。これについて、最初は「先生が離れたら不安定になったり活動に取り組めなくなったりするのではないか」「ピンを上げたり友だちをみてマグネットを貼ったりするなんて、難しいと思う」などの意見が出ていました。けれども、役割をもって動き、各ポイントにいる先生の支援や友だちからの声かけを受けながら活動するナミさんをみて、安心したようです。

　ナミさんの生活には、「難しいだろう」「できないだろう」と考えられた結果、活動機会がないことが多くありました。もしかして「難しいと思いこまれている」ことで、チャレンジさせてもらえていないだけなのかもしれません。先生からみて難しいと思えるかもしれない活動でも、わかりやすくしたら、ナミさんはもっと楽しく授業に参加できるのではないかと先生たちは気づき始めました。

　さらに、ナミさんへの支援はクラスのほかの生徒たちにとっても、活動の参加や友だちとのやりとりが促進されるものとなりました。このように、参加が難しい生徒についての支援を見直すことは、結果としてクラス全体の活動機会を増やし効果的な支援へとつながるようです。

（髙津　梓）

Case22
通園施設で紙類を破ってしまうタクトくん

このCaseで用いるアセスメントを生かす支援の視点
7 高頻度で行われる行動レパートリーを利用する

1 Case概要

　タクトくんは、障害児通園施設に通う5歳3か月の男の子です。知的障害を伴う自閉症の診断を受けています。その場でくるくる回ったり、声を出して部屋のなかを行ったり来たりする姿がよくみられます。そうした動きを止められそうになると、相手を避けてその場からいなくなります。日常生活における言語指示はおおむね理解しています。着替えやトイレといった身の回りのことは、1人で上手にできます。理解言語に比べて表出言語は少なく、時々オウム返しが出る程度です。週に5日、朝9時から2時半までを通園施設で過ごします。通園施設には、4歳10か月のときから入園しています。1

クラス10名で、3名の教員が担任をしています。

　小さいころから、紙類を破くことが好きで、家にあるものを何でも破いてしまうので、タクトくんの手の届くところには紙類を置くことはできない、とお母さんは話していました。普段、走り回っているのに、紙をみつけるとその場から動かなくなるそうです。通園施設でも同様で、壁の掲示物からお便り、教室の本など手当たり次第に破っていきます。破っている物を取り上げようとすると、声を上げて抵抗します。しかし、目の前からなくなってしまえば、スッとあきらめる様子もみられます。先生たちは、なるべくタクトくんの届く範囲に紙類を置かないようにしています。

　たとえば、本は鍵のかかる本棚にしまい、掲示物は高い場所に貼り、お便りなどは高い棚の上に置いておきます。しかし、先生がそうした物を手にもっているのをみつけると、後をついていき、どこにしまったのかをみていて、椅子をもってきてとろうとする姿もみられます。また、お友だちがもっているノートや連絡帳もいつの間にか破かれていることがあります。

2 アセスメント

　1日の生活のなかで、どんな活動をしているときに紙類を破ることが多いのか、1週間、記録をとってもらうことにしました。また、屋内・外活動は日によってその内容が異なるために、どんなことをしたのかメモをしてもらいました。

Case 22　通園施設で紙類を破ってしまうタクトくん

活動	時間	5日	6日	7日	8日	9日
登園	9:00					
朝の着替え	9:10					
朝のあつまり	9:30	レ			レ	
課題	10:00					
屋内・外活動	10:30					
給食準備	11:30		■	■		
給食	12:00					
後片づけ	12:40					
遊び	13:00		レ			レ
入室・着替え	13:40					
帰りの集まり	14:00	■	■		レ	
降園	14:30					
着替え	14:20			レ		
帰りの会	14:30		レ	レ		レ
下校	15:00			レ		レ

屋内・屋外活動

5日	散歩
6日	音楽
7日	リトミック
8日	工作
9日	お話を聞こう

記号の意味：□＝ほとんど起こらなかった　レ＝活動の半分以上で起こった　■＝止まらずに起こり続けた

3　アセスメントを受けて、タクトくんへの支援のポイント

　アセスメントの結果から、1日の生活のなかで、タクトくんが紙を破ってしまうことが多い時間帯とほとんど起こらない時間帯が明確になりました。午後の遊びの時間は、ほかの子どもも自由に遊んでいるために、タクトくんも紙を破って過ごしていても止められることはありません。遊びの時間が始まると、先生がいらない紙をたくさんタクトくんの前に置く日もありました。先生たちは、紙を破っている間はとてもタクトくんが静かだと話していました。また、屋内・外の活動の時間帯は、活動によって紙を破り続けてしまう日とそうではない日に分かれることがわかりました。大人からの指示により、何らかの活動に参加しなければいけない活動中は、紙を破ろうとすることが多いようです。しかし、そうした活動が始まるとすぐに紙を破るのではなく、立ち上がってその場からいなくなった後、みつけた紙を破ることがわかりました。「活動に入れないために紙を破っていても仕方がないのかもしれない」と言う先生もいました。

（指示が出される屋内・外活動）

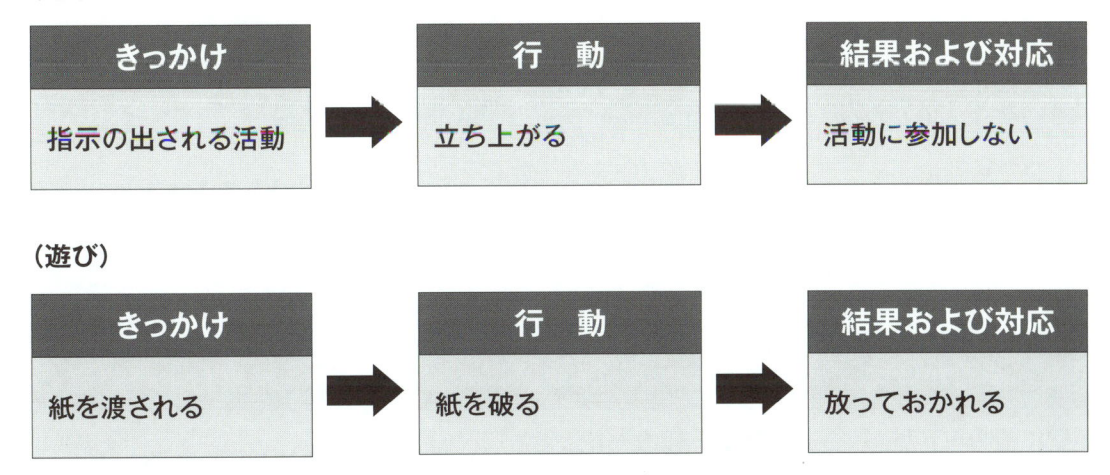

きっかけ	→	行　動	→	結果および対応
指示の出される活動		立ち上がる		活動に参加しない

（遊び）

きっかけ	→	行　動	→	結果および対応
紙を渡される		紙を破る		放っておかれる

　紙を破ることをすべてタクトくんから取り上げてしまうことは難しいですし、かわいそうな気もします。しかし、今の様子だと、紙を破っていい時間（＝遊び）とほかの活動をしなければいけないのに、結果的に紙を破っていい時間になってしまう屋内・外活動の時間があります。また、紙を破り始めると指示に従わなくてもいいことを学習してしまいます。そこで、紙を破っていい時間、指示に従い活動に参加する時間の区別をつけられる工夫をすることにしました。

4　タクトくんへの支援方法

　これまでの遊びの時間には、タクトくんからのアクションがなくても先生が様子をみながら、いらない紙を渡していました。ここでタクトくんがほかの人に訴える力をつけるために、タクトくんが紙を破っている様子をイラストにした絵カードをつくり、遊びの時間の開始とともに壁に貼ってもらいました。カードの裏には、マグネットをつけて、タクトくんが簡単に外せるようにしました。タクトくんが先生に絵カードを渡すことができたら、先生は破ってもいい紙を渡します。また、これまで屋内・外活動のなかでタクトくんが参加できなかった活動中、必ず1つはタクトくんができる課題を設定しました。それが終わったら、遊びの時間と同じ絵カードを壁に貼り、タクトくんが先生に絵カー

Case 22　通園施設で紙類を破ってしまうタクトくん

ドを渡すことができたら、破ってもいい紙を渡すこととしました。

（指示が出される屋内・外活動）

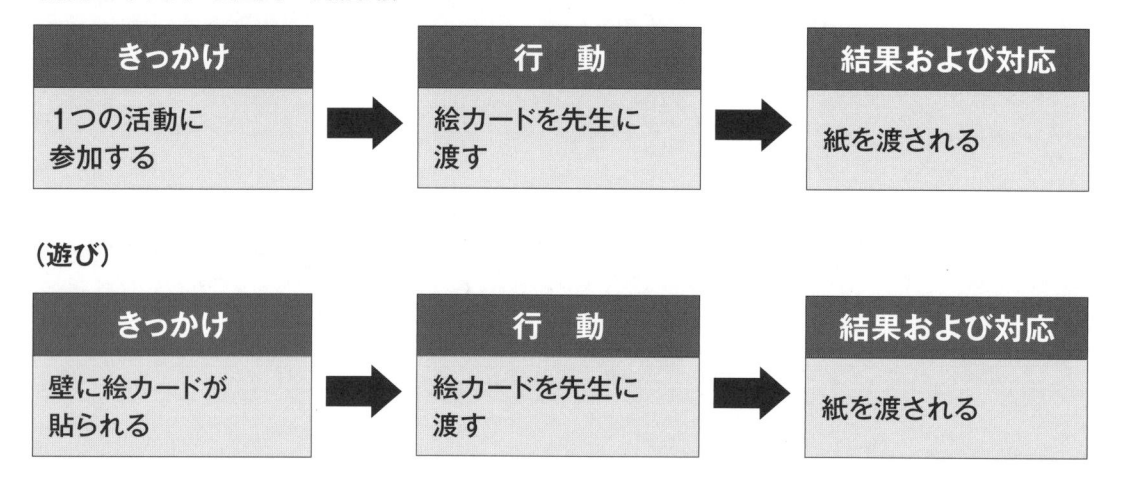

きっかけ	→	行　動	→	結果および対応
1つの活動に参加する		絵カードを先生に渡す		紙を渡される

（遊び）

きっかけ	→	行　動	→	結果および対応
壁に絵カードが貼られる		絵カードを先生に渡す		紙を渡される

5　タクトくんへの支援の効果

　遊びの時間の支援から開始しました。最初のうちは、何をしていいのかわからないのか、タクトくんは部屋のなかを走り回ったり、掲示物をとろうとしたり、廊下にまで出て紙をみつけようとする姿がありました。しかし、給食の後片づけが終わってから、みんなであいさつをした後に、立ち上がる前のタクトくんを壁の前に連れていき、絵カードを貼り、すぐタクトくんの手をとってカードを先生に渡すように介助することを繰り返しました。2週間がたつうちに、絵カードを渡すと先生が紙をくれるのだ、ということを理解した様子がみられました。そこで、屋内・外活動にも絵カードを導入しました。担任の先生同士でその時間帯にタクトくんができることを決め、サブにつく先生はタクトくんがやり遂げられるように補助をすることとしました。たとえば、音楽の時間なら楽器をみんなに配ること、リトミックの時間には、最初の1つの音楽で体を動かすことが終わるまで、話を聞く活動であれば、先生と一緒に前に出て、みんなが座るまで待ち、挨拶をして話の題名が書かれたカードをみんなにみせること、といった具合です。こうしたことは、あらかじめタクトくんに簡単なイラストを示しながら、時間の前に話しま

した。決めたことをやり終えた後は、タクトくんがその活動に参加しようがしまいが、自由にすることとしました。壁には、その時点で補助の先生が絵カードを貼りました。今まで活動が始まるとすぐに立ち上がり、うろうろしたり、紙を破ったりしていたタクトくんですから、最初のうちは、活動が始まると同時にその場から立ち去ろうとしていました。しかし、こちらも1か月が過ぎるころ、イラストに示されたことに取り組もうとする姿がみられるようになってきました。示されたことが終わると、絵カードを渡すのはほぼ100％に近い割合でできるようになりました。

6 タクトくんへの支援のまとめ

　支援を開始する前には、タクトくんが自閉症であるから、紙を破ることにこだわるのでしょうか、という疑問が先生たちからだされました。だから、タクトくんは活動に参加できなくても仕方がないと思われているようでした。しかし、逆の発想で、活動に参加したら紙を破ってもいいことにしましょう、という話をすると、先生たちからはそれだといつまでたっても紙を破ることが止められない、という意見も出されました。さらに、活動に一部しか参加しないことに抵抗を示す先生もいました。そこで、今、紙を破ってもいいことになっている遊びの時間から支援を開始しました。タクトくんが自分から紙を求めてくる様子をみて、先生方は、今まで禁止をしたり、先回りをして紙を渡すという自分たちの矛盾した姿に気づかれたようです。タクトくんが自ら進んで屋内・外活動に参加できる日とかなりの抵抗を示す日がありますので、まだまだ、参加の仕方には課題があるようです。しかし、これまで参加しなくてもよいことになっていたタクトくんに何とか活動に参加するような工夫を先生たちは始めています。また、家庭や地域のさまざまな場所で紙を破ってしまう行動をどうするのか、今後、考えていかなければなりません。

（小笠原　恵）

Case23
教室から出ていってしまうユウコちゃん

このCaseで用いるアセスメントを生かす支援の視点

8 スモールステップ

1 Case 概要

　ユウコちゃんは、公立小学校に通う3年生の女の子です。現在、母親、おばあちゃんと3人で生活しています。母親は夜遅くまで仕事をしているため、夕方家に帰ると用意されたご飯をおばあちゃんと2人で食べて、母親の帰りを待つといった生活を送っています。

　ユウコちゃんは、1年生の2学期頃から学習の遅れが目立ち始め、今ではどのテストも10点～40点で、クラスの一斉授業では理解することが難しくなってきています。1年生の頃は授業のペースがゆっくりで、担任の先生からもよく目をかけてもらってい

たので、自分の席で先生の話を聞いていたのですが、2年生になると話を聞かなくなり、3年生になった現在では、授業中にもかかわらず、教室から出て校庭の周辺を歩きまわる様子が頻繁にみられるようになりました。教室から出ていってしまったときは、支援員の先生、保健室の先生、管理職の先生などが付き添って、教室に戻るよう声かけを行っている状況です。担任や学校は特別支援学級への転学を視野に入れた就学相談を保護者に勧めていますが、母親は日々の仕事に追われ、すぐに相談に出向くことは難しいといった状況です。

2 アセスメント

　通常学級でユウコちゃんにできる支援について話し合うケース会議には、担任教諭、学校の管理職、スクールカウンセラー、養護教諭などが参加しています。最近のケース会議では、最も問題視されている「教室からの退室」についての話し合いになることが多く、各先生たちは知恵を出し合って、何とかユウコちゃんが教室にいられるような手立てを考えています。しかし、毎回の会議のなかでは、ユウコちゃんが教室にいられるようになる手立てばかりが話題となっており、彼女がなぜ教室から出ていってしまうかという点に関しては、「家庭環境による愛情不足」や「知的な問題（学習の遅れ）から授業についていけないからだ」とされていました。この説明はもっともらしく聞こえますが、改めて考えると、ユウコちゃんがなぜ学習活動に取り組まないか、なぜ「退室」という形で現れているのかといった直接的な説明にはなっていないことがわかります。

　そこで、授業のどのような場面で退室が起きているかを詳しく調べるために、ケース会議に参加している職員が授業中の行動観察を行い、退室のきっかけと結果について具体的に書き出すことにしました。観察する先生たちには、正しい分析を目指してもらうのではなく、実際に観察された客観性のあるきっかけと結果を、みつけられる限り書きだしてもらうようお願いし、以下のようなチェックシートをつくって渡しました。

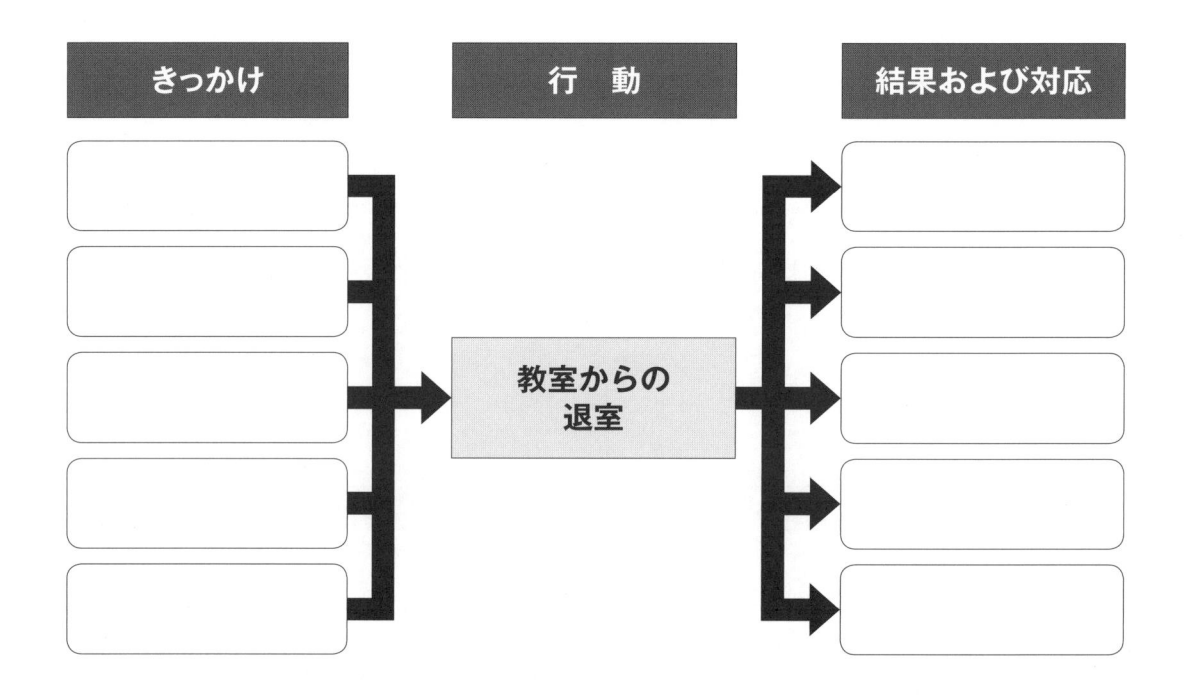

Case 23　教室から出ていってしまうユウコちゃん

きっかけ	行　動	結果および対応
（空欄） →	教室からの退室	→ （空欄）

3 アセスメントを受けて、ユウコちゃんへの支援のポイント

　ユウコちゃんの「退室」に関して、これまでは彼女の家庭環境や知的面での問題が原因とされてきたのですが、直接的なきっかけと結果を調べてみると、実にさまざまな原因が挙がってきました。

　きっかけとして、「板書をノートに写す指示」「先生からの『〜しなさい』という指示」「他児の話し声（教室のざわめき）」「活動と活動の切れ間」「雨が止む」「暑い」「喉が乾く」「先生の長い説明」「忘れ物に気づく」「挙手したがあてられない」が書き出されました。そして退室することで、どのような結果が得られていたか、次の表のようにまとめて示しました。

きっかけ	行　動	結果および対応
板書をノートに写す指示	教室からの退室	ノートに写さずに済む
『～しなさい』の指示		指示なし
他児の話し声（ざわめき）		ざわめきなし
活動の切れ目		次の課題への従事なし
雨が止む		濡れずに校庭を歩ける
暑い		涼しい
喉が乾く		水道で水を飲む
先生の長い説明		説明なし
忘れ物に気づく		課題なし
挙手したがあてられない		先生から呼び止められる

　この表は、ケース会議に参加していた教員がそれぞれ結果を出し合ってつくられたものです。10のきっかけと結果が出揃ったところで、今度はその表を使用して前回と同じ教科の授業をもう一度観察し、どのきっかけで退室が起こったかを調べることとしました。より頻度の高いきっかけと結果を特定することが目的です。

　その結果、「先生からの『～しなさい』という指示」がきっかけで、退室していることが多いということがわかりました。先生の指示からの「逃避」機能といえます。当初、考えられていた「愛情不足（から現れる注目要求機能）」といった原因とは、関係のない機能で維持されていたことがわかりました。

4 ユウコちゃんへの支援方法

　行動問題の機能が明らかとなり、ケース会議では職員の共通理解も得られ、以前よりも具体的な支援方法が話し合われるようになりました。まず担任が、ユウコちゃんへの声のかけ方を工夫することにしました。つまり、何か指示をするときは、①ユウコちゃ

んの言語レベルに合った言葉を選ぶこと、②どうしてそれをするのか説明をすること、③「〜しなさい」という命令形ではなく、「〜したら、…しよう！」と肯定的に話すように気をつけることとしました。

　そしてもう一点、授業中にほかの児童と同じことを求めず、学習活動内の目標をユウコちゃんにあわせることと、それができたら褒めることにしました。具体的には、学習内容の理解を求める前に、まず教科書の準備ができたことや、板書をノートに写したことに目を向けて、それができたらノートに日付とキャラクターのスタンプを押してあげるという支援を始めることにしました。

5 ユウコちゃんへの支援の効果と修正

　通常学級の集団のなかで、ほかの児童と同じように学んでいくことが難しい児童がいます。たとえ、その子が授業内容の理解に時間がかかるとしても、1時間1時間の授業のなかでその子なりの達成感を感じさせてあげたいものです。支援を開始してから1か月が経ち、ユウコちゃんのノートは先生のスタンプでいっぱいになりました。ノートをきれいに写し、それを担任の先生から評価されることで達成感を感じているようです。

　担任の先生は、きつく言い聞かせて座らせようとしていたことを改めて、ユウコちゃんの指示の出し方に気をつけるようになりました。少し抵抗もありましたが、1〜2年生に話すような言葉を使って丁寧に話しかけることを心がけています。それで、ユウコちゃんも先生の話を聞こうとするようになってきました。今ではユウコちゃんと会話することを楽しく感じ、「以前よりも、ユウコちゃんのことが少しわかってきたような気がする」そうです。ユウコちゃんも先生から話しかけられることを嬉しく思っています。

　支援開始から2週間目にして、ユウコちゃんが授業中に退室することはほとんどなくなりました。

6 ユウコちゃんへの支援のまとめ

　この事例には、行動問題に対する支援を考えていくうえで、いくつかの重要なポイントが含まれています。まず、アセスメントの段階で、推測ではなく実際の行動観察によって、行動問題の直接的なきっかけと結果を探そうとしたことで、行動問題の機能の特定と具体的な支援に関する手がかりを得ることができました。そして、行動観察の際に、みつけられる限りできるだけたくさんのきっかけと結果を書き出したことも重要なポイントです。行動問題のきっかけと結果はいつも同じとは限りませんが、複数の支援者で集まって検討する際に、現状把握や支援方法の立案のための共通理解を測るためにも、考えられる可能性はすべて挙げておくとよいでしょう。また、この事例で取り上げた退室という行動は、一定時間内に何度も繰り返し観察されるものではなく、一度観察されると授業が終了するまでその状態が継続し、複数回観察されることはほとんどないといった性質のものでした。こういった行動問題のアセスメントを行うときは、1回起こった行動のきっかけと結果を調べることももちろん大切ですが、その行動が観察される前まで、つまり潜伏期の対象児童の様子も記録しておくとよいでしょう。なぜなら、行動問題の兆候となるような行動が観察されたり、支援のヒントを得られることがあるからです。

　最後に、通常学級では教室内のすべての子どもに同じ目標を掲げて取り組ませていこうとすることが多いのですが、このケースでは、子どもに合った目標設定を考えたことが支援の成功を導いた1つの要因となりました。授業中、頻繁に行動問題を示す子どもがいたときに、その授業内の学習目標がその子どものレベルに合っているかを見直し、評価するポイントを確認・修正するだけで、行動問題が改善へと向かうこともあるのです。

（原田　晋吾）

③ 行動問題とは

❸ 行動問題とは

　本書では、行動上の問題を示す人への支援について、「どのような支援を行うか」を決めるために、「なぜ、そのように行動をするのか？」ということについて、アセスメントしています。それは、それぞれのケースが教えてくれるように、人の行動には理由があり、その理由は、周囲とのかかわりの中で学習され、生じるものだからです。そこで、私たちはその理由を理解し、その人がよりよい行動によって成功や満足が得られるように、周囲のかかわりや環境をどのように変えるかという視点で支援を行っています。

　本書では、このような視点を「行動問題」という用語で表しています。行動上の問題は、危険で激しい行動もあれば、日々の暮らしや学習、対人関係を阻害する行動、さらにはちょっと気になる行動までさまざまでしょう。いずれにしても、その行動の現れ方がその場の状況や周囲との関係において適切ではない場合に、問題とされる行動です。そうした行動について、「問題行動」という場合には、問題を有している行動そのものに注目しますが、「行動問題」という場合はそのような行動を引き起こし維持させている問題自体に注目します（加藤, 2000）。

　問題の捉え方が違います。したがって、アプローチは大きく変わります。「どんな行動をするか？」という表面上の問題に注目すれば、たとえば、その人のパニックを減らすためにどうすればよいかを探るでしょう。そこからは、パニックへの対処療法しかみつかりません。それは、その場の対処として有効かもしれませんが、根底にある理由はそのままです。

一方、「なぜ、そのように行動するのか？」という背景にある問題に注目すれば、パニックを起こす理由を探るでしょう。そこからは、その理由に応じた支援を考えることができます。その結果として、その人はパニックをしなくて済むようになります。

　本書が目指しているのは、その人の行動をどう改善するかではなく、その人の力を高め、豊かな生活につながる支援です。そのためには、行動分析学をよりどころとして、ＡＢＣの枠組みから「なぜ、そのように行動するのか？」をアセスメントすることが役立ちます。それは、その人のよりよい行動を強めるために、周囲の私たちができることを教えてくれるからです。

　ただし、その人や環境に応じて、どのような支援を行えばよいかは意外に難しいものです。そこで、本書では、アセスメントから支援につなげるためのポイントに踏み込みました。その人の行動の理由に応じた支援の方針から、その人や環境に応じた支援を決めるために、「好みを利用する」「行動問題の生じていない状況を利用する」「選択機会を入れる」「上手に褒める」「先手を打つ」「物理的な環境を変える」「高頻度で行われる行動レパートリーを利用する」「スモールステップ」という８つの視点を示しました。それぞれのケースは、明日からの支援に役立つヒントを教えてくれるでしょう。皆さんと、対象者の力を高め、豊かな生活につながる支援を探すプロセスを共有したいと願っています。それは、私たちに支援のやりがいや喜びをもたらしてくれるでしょう。

文献：加藤哲文（2000）行動問題．小出進（編集代表）．発達障害指導事典第二版，184-185．学習研究社．

編者・執筆者一覧

編　者　　井上　雅彦（いのうえ・まさひこ）
　　　　　　　鳥取大学大学院医学系研究科臨床心理学専攻教授

　　　　　　　平澤　紀子（ひらさわ・のりこ）
　　　　　　　岐阜大学大学院教育学研究科教授

　　　　　　　小笠原　恵（おがさはら・けい）
　　　　　　　東京学芸大学教育学部特別支援科学講座教授

執筆者　　五十嵐　一徳（いがらし・かずのり）　Case17、Case18
（五十音順）　広島大学大学院教育学研究科特任助教

　　　　　　　井上　菜穂（いのうえ・なほ）　Case5
　　　　　　　鳥取大学医学部脳神経小児科　臨床心理士

　　　　　　　小笠原　恵（おがさはら・けい）　1、Case1、Case19、Case22、用語解説
　　　　　　　前掲

　　　　　　　岡田　博（おかだ・ひろし）　Case13
　　　　　　　愛知県立三好養護学校

　　　　　　　加藤　慎吾（かとう・しんご）　Case7、Case12
　　　　　　　東京学芸大学大学院博士課程

　　　　　　　佐々木　千絵（ささき・ちえ）　Case2
　　　　　　　岐阜県立大垣特別支援学校

　　　　　　　澤田　秀俊（さわだ・ひでとし）　Case9
　　　　　　　岐阜県立大垣特別支援学校

　　　　　　　末永　統（すえなが・すばる）　Case4、Case11、Case16
　　　　　　　東京学芸大学大学院博士課程

　　　　　　　髙津　梓（たかつ・あづさ）　Case21
　　　　　　　筑波大学附属大塚特別支援学校

　　　　　　　西脇　熱士（にしわき・あつし）　Case20
　　　　　　　岐阜県立海津特別支援学校

　　　　　　　濱田　実央（はまだ・みお）　Case8
　　　　　　　鳥取大学医学部精神科

　　　　　　　原田　晋吾（はらだ・しんご）　Case10、Case14、Case23
　　　　　　　東京学芸大学大学院博士課程

　　　　　　　平澤　紀子（ひらさわ・のりこ）　Case3、3
　　　　　　　前掲

　　　　　　　前川　圭一郎（まえかわ・けいいちろう）　Case6
　　　　　　　足立区障がい福祉センター

　　　　　　　松尾　理沙（まつお・りさ）　Case15
　　　　　　　沖縄大学人文学部こども文化学科講師

8つの視点でうまくいく!
発達障害のある子のABAケーススタディ
アセスメントからアプローチへつなぐコツ

2013年9月 1日 初 版 発 行
2019年6月 1日 初版第4刷発行

編著者	井上 雅彦・平澤 紀子・小笠原 恵
発行者	荘村明彦
発行所	中央法規出版株式会社
	〒110-0016 東京都台東区台東 3-29-1 中央法規ビル
	営　　業　TEL 03-3834-5817　FAX 03-3837-8037
	書店窓口　TEL 03-3834-5815　FAX 03-3837-8035
	編　　集　TEL 03-3834-5812　FAX 03-3837-8032
	https://www.chuohoki.co.jp/

装幀・本文デザイン	タクトデザイン
装画・本文イラスト	マスリラ
印刷・製本	ルナテック

ISBN978-4-8058-3882-2

定価はカバーに表示してあります。
本書のコピー、スキャン、デジタル化等の無断複製は、著作権法上での例外を除き禁じられています。
また、本書を代行業者等の第三者に依頼してコピー、スキャン、デジタル化することは、たとえ個人や家族内での利用であっても著作権法違反です。
落丁本、乱丁本はお取り替えいたします。